마음속 봄비가 내리는 날

마음속 봄비가 내리는 날

문정미 수필집

도서출판 태원

책을 펴내며

나는 30대에 인생이 끝나버리기라도 할 것처럼 끓는 피를 쏟아내고 열정적으로 치열한 삶을 향해 내달렸다. 앞으로 달려가는 만큼의 과정에서 고통이나 슬픔, 모욕감이나 수치심, 죽을 것 같은 절망감은 잊어버렸다. 필사적으로 삶을 사랑하고, 기억하고, 기다렸다.

산동네 작은아이였을 때부터 글쓰기를 소망했다. 알록달록 내 삶이 그려진 보잘 것 없는 에세이가 글쓰기를 소원하는 모든 이에게 작게나마 희망이 되길 바라는 마음이다. 마음속 꿈을 담아 시간 위를 달리다 보니 남들이 가지지 못한 소소한 행복과 고귀한 생명들과의 사랑을 흠뻑 받고 나누었다.

'이제, 그만하면 되었다.'
이제 60대 중반을 넘어섰다. 노을진 강가에 서 있다. 흐르는 강물에 치열했던 내 삶의 습작기를 실려 띄운다. 삶의 아름다움에 더하기가 생겨났다. 춘천문화재단의 지원사업에 선정되어 생애 첫 문집, '마음속 봄비가 내리는 날'을 떨리는 손으로 펼치게 됐다.

이렇게 정신없이 살려고만 살아온 내 인생에 만족하고 만족한다. 혹시 나로 하여금 누군가 상처가 됐다면 지면을 통해 사과하고 용서를 구한다. 근 삼십여 년의 아름다운 인생 여정을 통해 값진 추억과 빛나는 사랑들을 엮었다. 글쓴이처럼 읽는 이가 행복했으면 좋겠다.

부끄럽고 부족한 글들이 나오기까지 곁에서 평생 짝꿍으로 남아, 험난한 파도를 함께 넘어 행복한 황혼을 선물해 준 김동석 님과 부족한 엄마의 출판을 축하해 주는 훈이·미현·태연·수아, 그리고 언니의 원고 정리에 바쁜 시간을 내어준 영은이와 소형이, 언니에게 아름다운 수채화를 선물해 준 우두동 미숙이, 글다리기 동지에게 고마움을 전하고 싶다.

하늘과 바람 속에서 단상을 적고 영혼을 살찌우던 지난 시간이 사무치게 소중하다. 자유롭게 보고 느끼며 글을 쓸 수 있는 귀한 나날이 이어지기를….

2025년 9월, 스무숲 '미오'에서 문정미

엄마의 첫 출판을 축하하며

몇 살 때부터 였는지는 잘 기억 나지 않지만, 늘 내 곁에는 책이 있었다.

로봇 장난감을 가지고 놀 때, '푸슝 푸슝' 침이나 튀어 대던 그때였다. 너덧 살, 띄엄띄엄 겨우 소리 내어 글을 읽어 내려갈 그쯤엔 이미 책장에, 선반에, 심지어 화장실에서도 책들이 날 기다리고 있었다.

그렇게 책을 읽도록 만들어 놓았다고 엄마는 말했었다. 책에 모든 세계가 다 있노라고 말했더니, 꿈뻑 믿고 푹 빠져 들더라고 대견해 하셨다. 그리고 그 모습을 참 좋아하셨다.

사실 자식을 위해 특별히 책을 준비할 필요가 없을 만큼, 엄마는 늘 책과 글과 함께였다. 마치 인생의 가장 큰 숙제를 사는 내내 풀어나가듯 쉼 없이 읽고 늘 쓰는 중이었다.

중학교 때부터 엄마가 쓴 글을 읽고 감탄하기도 감동하기도 했던 기억이 많았지만, 끝내 책을 완성 시킬 거라는 건 사실 믿지 않았다. 막연히 그러면 좋을 것 같다는 생각만 했었는데, 혼자 그렇게 완벽하게 숙제를 마무리 하셨다. 막연한 기대 속에 엄마의 꿈을 응원 했지만 책을 이렇게 펴낼 것이라고는 믿지 못했다.

그러다 덜컥, 이런 순간이 되었다.

엄마는 까칠하고 무뚝뚝한 남편과 툭툭 털고 시집가고 장가간 아들, 딸의 손을 빌지도 않았다. 혼자 그렇게 묵묵히 수십 년 지켜온 당신의 꿈을 멋지게 완성해 보였다.

난 참 복 받은 사람이다.
죽을 때까지 평생 자랑스러워 할 어머니를 가졌다. 값진 어머니의 이 꿈을, 누구보다 축하 드린다고. 존경하며 글을 올린다.

아들 김유훈

| 차 례 |

2부 푸른 바다 파도를 넘어

3부 봄시내를 건너며

4부 노을지는 강가에서

5부 창작 소설·동화

1부

산동네 작은 나무

우정, 2025
그림 | 김미숙 작가

그날들

"잊어야 한다면 잊혀지면 좋겠어."

정말 잊고 싶었던 일들이 머릿속에서 모조리 사라져 버릴 수 있다면 그것처럼 좋은 일은 없을 것 같다. 가슴에 남겨 있는 잔재들이 바람에 먼지 날리듯 텅 비어져 흔적 하나 남기지 않는 백지의 상태가 된다면 말이다.

유명 오디션 프로그램에서 통기타를 둘러멘 가수가 노래 속에서 그날들을 이야기한다. 누구나 한 번쯤은 잊지 못할 사연이나 있을법한 기억 속의 그날들이 내 마음 깊은 곳에 닫혀있는 문을 두드려댄다. 그날, 나에게 그날은 추억보다 앞서는 기억이다. 다른 누군가에겐 '그날'이 아름답게 간직된 추억 속의 이야기 일 수 있지만 내겐 전혀 그렇지 않다. 오랜 시간이 흘렀음에도 추억으로 남아있지 않는 그날의 일들이 내 안에 똬리를 틀고 앉아 아주 선명한 기억으로 남아있다.

열네 살의 어느 봄날, 꽃샘추위에 찬 바람이 심하게 불던 날, 나는 쫓겨나듯 갑자기 살던 집을 떠나오게 됐고, 낯선 곳에서 홀로 새로운 세계와 부딪혀야 했다. 나는 생면부지의 수많은 얼굴들과 마주하고 서 있었다. 수백 명의 얼굴들이 일제히 나를 향해 있던 그 순간의 그곳을 쉽게 잊어버릴 수가 없다. 맞닥뜨렸던 그날의 기억은 처음 느끼는 당황스러움과 불안감이었다. 소극적이고 의기소침했던 나는 누구 앞에 나서서 말 한마디 해 본 적 없던 터였다.

경기도 용인군 남사면 남곡리란 곳에 용동중학교가 있었고, 그날은 입학식이었다. 전교생 360명과 열한 분의 선생님, 교감과 교장이 있는 말 그대로 시골 중학교였다. 학교 운동장에서는 1973학년도 입학식이 진행되고 있었는데, 입학생 명단에 내 이름이 빠졌는지 끝끝내 이름을 불러주질 않았다. 나는 내가 있을 곳이 여기가 아닌가 하는 난처함과 두려움에 온몸이 떨리고 이까지 따닥따닥 부딪혔다.

"저는 가정 사정으로 인해 서울에서 이곳 용동중학교에 입학하게 되었습니다. 제 이름을 찾아 확인해 주세요."

어찌어찌해서 작은 시골 중학교에 입학은 됐지만 아무도 나에게 이곳에 오게 된 이유를 가르쳐 주진 않았다. 그저 내가 설명할 수 있는 건 가족을 떠나 큰언니랑 낯선 곳에서 둘이 의지하며 살아야 한다는 것과 앞으로 다닐 중학교는 서울 옥수 여

중이 아니라 남녀공학 용동중학교라는 것, 그토록 낯선 곳에서 모든 걸 혼자 해결해야 하는 상황이 '가정 사정'의 전부였다.

"용인 언니한테 가서 지내거라."
동대문 해바라기백화점 대형주차장 한쪽에 고속버스터미널이 있었고 끝 쪽에서 동부고속 버스를 타고 용인에 찾아온 거였다. 다시 남곡리 배매실 가는 시외버스를 타고 물어물어 언니를 만나 하룻밤 잔 게 다였다.

그날 저녁, 직장에서 돌아온 언니는 나에게 시골 중학교 입성을 축하한다며 글쓰기의 시작으로 일기를 쓰라고 새 노트를 선물했다. 그러면서 언니가 글쓰기 모임에서 만든 동인지를 보여주며 책꽂이에 꽂혀있는 세계문학 전집을 다 읽으라고 했다. 나는 일기장에 루비라는 이름을 부여했고, 단출한 단칸방에 흐르는 고요와 적막함에 점차 익숙해졌다. 그렇게 스물네 살 언니에게 날 넘겨버린 엄마는 중학교를 졸업할 때까지 딱 한 번 다녀갔다. 그냥 손님처럼 잠시 서 있다가 바람처럼 가버렸다.

나는 루비를 벗 삼아 미생의 인생을 써갔다. 열넷, 열다섯, 열여섯까지 외롭고 쓸쓸했던 시간이 무의미하지 않도록 상념을 메워갔다. 비어 있던 나의 가슴과 영혼을 하나둘 채워가기 위해 부지런히 읽고 자꾸만 썼다. 언젠가 빛나는 날갯짓으로 비상할 그날을 위해 습작기는 시작되었다. 나에게만 허락된 '나의 것들'은 그날부터 차곡차곡 습작 노트에 담겼다. 동네에서 선물로 받아 키우던 고양이가 눈 속에 파묻혀 얼어 죽은 이야기도 썼고, 무료한 일요일엔 성당 구경을 갔다가 토끼풀만 뜯었던 이야기도 썼다.

짝꿍 데레사와 개울에서 빨래하다가 근처 골프장에서 날아온 공에 이마를 맞고 기절했는데 보건지소에서 안티푸라민으로 치료를 끝낸 어떤 군인 장교의 이야기도 썼다. 부모가 곁에 있었다면 큰 병원에 데려가 치료할 일이었다. 다음날 혹이 주먹만 하게 튀어나와 학교에선 또 놀림거리가 됐다. 내겐 '그날들'이라고 할 수 있는 아프고 슬픈 기억의 시간이 아직도 뇌리에 선명하게 남아있다.

그날의 기억 때문일까? 나는 가끔 화창한 봄날에도 으스스 몸살기가 돌고 이글이글 타오르는 태양 아래 있어도 그날의 일들은 가슴에 썰렁 파도로 밀려오고 간다. 나는 엄마에게 그렇게 외면당했던 시간에 관해 이야기한 적은 한 번도 없다.

나는 혹시라도, 나 때문에 내 자식들 가슴에 그늘이 남겨질까 무던히 애쓰며 살아간다. 혹여라도 슬프고 두려운 결핍의 흔적들로 남겨진 그날은 없는지 서른다섯 딸아이를 내 숨 속에 집어넣고 살아간다. 한 번도 안아준 적 없고 볼 한번 비벼준 적 없던 엄마로 기억될까 봐 얼굴도 만져주고 엉덩이도 두드려주고 머리도 감겨준다. 등도 밀어주고 발도 꼭꼭 주물러 준다. 반찬도 자주자주 날라다 주고 사랑한다는 문자도 날마다 보내준다.

무수한 날들이 지나간다. 하루하루가 모여 또다시 특별한 하루를 창조해 낸다. 추억으로 남게 된 아름다운 날들도 더러더러 인생의 틈바구니에 끼어있다. 첫사랑이 끝 사랑이 된 고성의 청간리 바닷가와 신혼여행 갔던 경포비치호텔, 유훈이를 낳았던 부천의 박정대 산부인과, 수아가 태어난 세종병원 분만실은 조록조록 엮어 낼 행복의 결실이 됐다.

　이젠 어렸던 열네 살의 그날을 보내려 한다. 남아있는 기억 속에서 기쁜 추억이 되도록 그때의 그날들을 이해하려 한다. 쉼 없이 흐르는 시간이 또다시 희망으로 담길 하루이길 바라면서 아들과 딸에게 사랑한다는 이모티콘을 날렸다.

그때 한강은

　지금의 한남대교를 예전에는 제3한강교라는 이름으로 불렀다. 다른 사람들은 몰라도 내겐 한남대교보다 제3한강교가 더 익숙하고 친근하다. 내가 근동에 살았던 시절에는 제3한강교가 동네에 있는 그냥 한강의 다리였다. 그저 강북과 강남을 이어 주고 물길을 건너게 하는 다리란 것 외에 별생각 없이 다녔다. 하지만 지금 생각해 보면 무심코 걸어서 건너다녔던 강 다리가 우리나라 최초의 인도교였다는 역사적인 사실에 특별한 의미를 갖게 된다.

　가수 혜은이가 '제3 한강교'란 노래를 불렀을 그때 나는 그 노래를 흥얼거리며 다리 위를 걸어 다녔다. 이 다리를 소재로 멋진 음악을 완성했다니 굉장한 연대감마저 느껴졌다. 노래 인기가 높을수록 제3한강교를 자주 걸어서 지나쳤다.
　· 강물은 흘러갑니다 아아~ 제3한강교 밑을 ·
　강바람이 시원스레 불어주면 긴 생머리가 이리저리 휘날렸다.

걷다가 난간을 붙잡고 서서 바다로 흘러간다는 푸른 강물을 한참씩 쳐다보기도 했다. 강을 건널 때는 항상 생일 선물로 받은 워커 맨으로 음악을 들었다. 워커 맨을 뒷주머니에 넣거나 겉옷 주머니에 찔러 넣고 헤드셋으로 음악을 들으며 강을 건너다녔다.

그때 그 시절, 한강 다리 아래엔 아낙들의 빨래터가 있었다. 이불 홑청을 뜯어 빨거나 겨우내 묵은 빨랫감을 싸 가지고 찾아들 왔다. 햇살이 퍼질 때 빨래 더미를 이고 와서는 빨래 방망이로 실컷 두드려 빨고는 강가 돌 위에 펼쳐 말렸다. 오후 너댓시가 되면 쨍쨍한 햇빛에 바싹 마른 빨랫감을 차곡차곡 걷어 보자기에 싸서 돌아오곤 했다. 강가로 빨래를 가는 날엔 술빵을 도시락으로 준비해 왔다. 눈물 나도록 그리운 추억이다.
한강 다리 철길 아래에 남자아이들이 삼삼오오 모여있던 모습도 생생하다. 기차가 지나가는 시간을 기다렸다가 멀리서 기차가 모습을 드러내면 각자가 준비했던 쇠붙이를 철로에 올려놓고 잽싸게 철길 아래로 일제히 엎드려 기차가 지나가길 기다렸다. 대부분의 쇠붙이는 비가 많이 내린 산동네 골목길과 강가에서 주워온 건데, 못이나 쇠가 기차에 눌려 납작해지면 장난감을 만들어 놀았다. 특별히 놀 데가 없던 그 시절엔 한강 다리 아래는 별난 놀이터였다. 여름엔 수영장이 되고, 겨울엔 자동으로 스케이트장과 눈썰매장이 됐다.

한번은 한강에서 우리 5남매가 모두 비명횡사할 뻔한 일이 있었다. 한겨울 한강이 꽁꽁 얼어서 썰매를 타러 가게 됐다. 대목이었던 아버지가 손수 목재를 얻어다 오빠들과 함께 다섯 명이 한꺼번에 탈 수 있는 대형 썰매를 만들었다. 우리들은 자주 그 썰매를 타고 놀았다. 그날도 아침나절 썰매로 한강을 건넜다. 큰오빠가 썰매를 조종하고 언니가 뒤에서 밀고 작은오빠가 얼음을 지쳤다. 간식도 먹고 한강 모래사장에서 뛰어노는데, 강 건너에서 호루라기 소리가 크게 들려왔다. 경찰차에서 연신 사이렌 소리도 들려왔다. 그건 썰매로 강을 건넌 몇몇 사람들에게 빨리 나오라는 손짓이었다. 꽁꽁 얼었던 한강이 날이 따뜻해지자 풀린 거였다.

우리 5남매는 독수리 5형제가 됐다. 썰매에 프로펠러를 단 것처럼 쌩쌩 날아 달렸다. 쩡쩡 얼음이 갈라지는 것 같은 공포의 소리도 들렸다. 동생과 나는 무서워서 부둥켜 울고 언니랑 작은오빠는 둘이 있는 힘껏 밀어서 겨우 강바닥을 벗어났다. 강둑에는 사람이 구름떼처럼 몰려 있었다. 소리를 지르다 목이 쉰 엄마는 다섯 자식을 보자 차례로 등짝을 후려쳤다. 그리고 다리를 쭉 뻗고 엉엉 우셨다. 지금 다시 생각해도 등골이 오싹하다.

그때 그 시절의 남산과 한강은 서울 사람들의 나들이 장소였고 휴식의 공간이었다. 국민학교라 불렀을 때는 봄, 가을 소풍 장소로 남산과 장충단공원을 먼저 꼽기도 했다. 특히 남산은 예나 지금이나 연인들의 데이트 장소로는 늘 인기가 높았다. 예전, 제3한강교를 건너다녔던 일이 자꾸 떠오른다. 다리에 파리하게 서 있던 가로등도 희뿌옇게 다가온다.

어리고 철없던 시절부터 성인이 되고 철들어 갈 때까지 제3한강교를 걸어 다녔다. 시내버스를 타고도 수없이 건너다녔다. 이웃에 마실 가듯 강가에 나가 온종일 놀던 날도 많았다. 그 시절 옛일을 떠올릴 때면 가장 먼저 한강 다리와 철길이 기억난다. 유행했던 노래와 추억의 제3한강교가 떠오르고 세월의 강물이 흘러간다.

꽃신

　몇 년 전 라바 필름(주)에서 배급된 클레이 애니메이션 한 편을 감상한 적이 있다. 초등학교 4~5학년 글쓰기 교재로 보급된 터라 그 시절 눈높이로 만화영화에 빠졌다. 1960년대, 70년대 농촌을 배경으로 한 이 작품은 어린 두 남매만의 생활을 전개함으로써 궁핍한 가정환경으로 초라하고 누추한 삶이 부각돼 있었다.

　짧은 파마머리에 꽃무늬 저고리와 깡통치마를 입은 생선가게 아주머니는 커다란 나무 도마에 생선토막을 치고 있다. 신발가게엔 구두나 운동화는 보이지 않고, 검정 고무신, 흰 고무신, 알록달록 꽃신이 좌판에 가지런히 놓여 있다. 함석 연통도 보이고 무쇠 난로도 보인다. 학교 교실 꼭대기에 걸려있는 태극기와 박정희 대통령 사진, 그리고 급훈이 써진 액자 등이 내가 기억할만한 70년대 모습으로 그때의 옹색한 정서를 고스란히 드러낸다.

만화영화에서 여동생은 구멍 난 검정 고무신을 신고, 시장 신발가게 앞에 쪼그리고 앉아 꽃신을 만지작거린다. 오빠는 다음번에는 꽃신을 사 주겠노라 약속하며 동생을 토닥토닥 달래준다. 그런데 오빠의 검정 고무신도 구멍이 나서 다 닳아있다. 만화영화를 보다 나도 울컥거린다. 큰오빠 생각이 나서이다.

70년대 서울에서는 오래되고 건물이 큰학교가 최고라고 말도 안되게 우겨댔다. 그 성화에 6년의 허송세월을 보냈다. 출석 일수보다 결석이 더 많았을 정도로 학교가 멀었다. 거기다 시대에 맞지도 않게 4학년부터 남녀 분반이라 위급할 때 도와줄 친구 하나 사귈 겨를이 없었다. 그저 형제자매가 가장 친한 친구였다.

유독 눈물이 많고 어리바리한 나를, 엄마는 늘 오빠들 꼬리에 매달아 놨다. 두 살 더 먹은 작은오빠는 틈만 나면 제 꼬리에 붙은 날 떼놓으려 눈을 흘기고 윽박질렀다. 나도 눈치 주는 작은오빠가 미워 꼬리를 끊고 홀로 다니기는 했지만 늘 울고 다녀야 했다. 집 가까이 학교가 있어도 큰 학교가 좋다고 전학은 절대 안된다고 했다. 학교가 멀어도 잔말 말고 오빠들 따라다니라고 야단만 치셨다.

만화의 장면이 바뀌었다. 꽃신을 사 달라고 떼를 쓰던 여동생이 징징 울어댄다. 마치 내가 그 여동생이 된 듯 꿈속을 붕붕거리며 떠다닌다. 아물거리는 기억 속에 철이 오빠의 얼굴이 아른거린다. 약수동 산동네가 눈앞에 나타난다. 철이오빠는 나와 다섯 살 차이지만 워낙 따듯한 성품이라 동생들을 잘 챙겼다. 장남이라 그런지 일찍 철이든 오빠는 중학교 이후 검정고시로 독학하고 일찍 사회인이 됐다.

오빠는 힘든 생활 속에서도 음악을 사랑했다. 늘 기타를 메고 다녔다. 여태껏 내가 아는 남자중엔 가장 기타를 잘 치는 사람이다. 그림 솜씨도 좋아서 만화를 그리면 동네 팬들이 극성으로 열광했던 기억이 분명하다.

그런 철이 오빠는 내게 더 특별했다. 5학년 겨울, 함박눈이 무릎까지 쌓여 이틀 동안 학교에 가지 못했다. 월동 장비가 문제였다. 산동네라 눈길이 얼어붙어 빙판이 되고 얄팍한 운동화로는 눈밭에 나갈 수가 없었다. 버스로 가도 어려운 건 마찬가지여서 나는 아예 학교 갈 엄두도 못내고 있었다.

철이 오빠는 흰색 방울 모자를 푹 눌러썼다. 그리고 마당 귀퉁이에서 새끼줄을 찾아, 금방이라도 바닥이 뚫어질 듯한 얄팍한 까만 운동화를 친친 매는 거였다. 지그재그로 몇 번이나 더 동여매더니 마루에 앉아 있는 날 향해 오빠의 등을 내밀었다. 얼른 업히라는 손짓을 했다.

"정미야 업혀! 오빠가 학교까지 미끄럼 태워줄게 가자!"

난 싫다고 했다. 업고 달리면 고갯길이 우당탕 무서웠기 때문이었다. 말없이 앙고라 토끼털 장갑을 어깨에 걸어주고 귀마개도 씌운다. 빨리 학교 가란 엄마 잔소리에 나는 오빠 목을 졸라매듯 힘껏 매달려 등판에다 두 눈을 비벼대며 꼭 감았다

'탁 탁 탁~다다다 터그덕'

턱이 떨리고 이빨이 와드득 정신없이 부딪혔다.

"오빠! 나 무서워 그냥 내려줘~"

아무리 발버둥 치고 울어봤자 오빤 말 달리듯 눈길을 달렸다. 옥수동 빵 공장 정양원을 지나 마루턱을 지나서 고개 둘을 넘어 순식간에 약수시장 끝자락에 와서야 털썩 내려놓고 집에 올 땐 버스 타고 오라며 오빠는 팔랑개비처럼 '휘리릭' 눈 덮인 고개 쪽으로 점점이 사라졌다.

필름 속 만화영화는 끝이 났다. 여동생을 위해 오빠는 학교에 가는 대신, 쇠똥을 치고 쌀 짐을 져 나르며 품삯 받은 돈으로 여동생의 예쁜 꽃신을 산다. 오빠는 행복해 할 동생을 떠올리며 양손에 꽃신을 쥐고 뛰어가다가 돌부리에 걸려 꽃신 한 짝을 벼랑 아래로 떨어뜨렸다. 결국, 여동생에게 줄 꽃신 한 짝을 잃어버린 오빠는 꽃신 한 짝을 가슴에 안고 울타리에 기대서 울고 있다. 마당에서 오빠를 기다리는 여동생도 울고 있다. 그러고 보니 나도 울고 있다.

나는 그 옛날 철이 오빠의 신발 때문에 눈물이 났다. 떨어진 농구화 끈을 매면서

"엄마 제 신발은 뚜껑만 멀쩡하면 돼요. 응지꺼나 정미, 연미 신발이나 사 주세요."

너무나 분명한 목소리에 선연한 기억이다, 영화 속 꽃신 한 짝에 나의 유년이 그대로 꽂혀 있다.

두 번째 엄마

　날 낳아주신 엄마는 함흥냉면으로 유명한 함경도 또순이다. 조실부모한 엄마는 큰집에 입양됐고 바리데기처럼 뿌리 내리지 못한 채 입양아로 살았다고 했다. 부모의 사랑과 정을 받지 못해 천덕꾸러기로 자란 엄마는 늘 홀로 남겨져 괄시를 당했다. 자신을 사랑해 주지 않는 냉정한 사람들에게 가족의 화목함이나 사랑을 경험할 수 없었다. 그 진티로 열 일곱 어린 나이에 열여덟 연상인 남자와 결혼했다. 그리고 더는 외롭지 않으려 5남매의 엄마가 된 거였다.

　반면교사는 진실이다. 부모에게서 보고, 듣고, 배운 그대로 행동하게 되는 것, 부모가 자식의 거울인 건 엄연한 사실이 됐다. 자신의 삶이 외롭고 쓸쓸해서였을까 살아오는 동안 부모와 가족의 사랑을 배우고 느낄 수 없어서였을까 엄마는 늘 자식들에게 쌀쌀맞고 냉정했다. 유난히 첫딸인 언니에겐 더없이 혹독하고 매정했다. 엄마는 지독한 생활력으로 억척만 떠는 고집불통의 사람이었다. 나는 그런 엄마를 좋아하지 않았다.

　하지만 살면서 진실은 그 반대가 돼 버렸다. 집안 사정으로 몇 년을 가족과 떨어져 지낼 때, 엄마 품이 못 견디게 그리웠을 때, 딸을 냉정히 떼어 낸 그런 무정한 사람인 줄 알았는데 엄마는 열 살 많은 언니에게 나를 맡기면서 둘이 서로 의지하고 조용한 데서 공부에만 집중하라고 일부러 그랬다고 했다. 그런 깊은 뜻이었다는 건 오랜 시간이 흐른 뒤 알았다. 내가 엄마를 정말 싫어하게 된 이유가 바로 양육의 책임을 피하려 한 거라고 오해했던 터라 진실은 늦게 닿았다. 오해였다지만 그래도 너무도 선명한 그때를 잊을 수 없었다.

　어쨌든 언니가 엄마가 됐다. 원가족과 떨어져 만나지 못하고 가족 없이 시골에서 사는 게 무척이나 서럽고 슬펐다. 어린 애처럼 울어대던 날들이 수없이 많았다. 사랑을 모르는 엄마는 그 방법이 딸들을 아끼고 사랑하는 거라는 특별한 생각을 한 듯 외로움을 못 참거나 매일 울고 지내리라고는 전혀 알지 못했던 것 같다.

　역시 시간은 약이 됐다. 나 또한 그때부터 엄마의 존재를 인정하지 않게 되었다. 엄마는 큰 딸에게 작은딸을 떠맡으라 하고 언니는 엄마 대신 또 다른 엄마가 되겠다고 자처했다.

　열네 살, 엄마는 나를 완전히 자신에게서 떼어 놓았다. 엄마의 부재를 감당하기에 아직은 어렸지만 아무도 날 가엽게 생각하지 않았다. 졸지에 기막힌 이별과 단절 앞에 외로움과 그리움을 참느라고 엄마에 대한 원망은 점점 커갔다.

시골 중학교 3년 동안 엄마는 딱 한 번 딸들을 보러 왔다. 운동회 같은 체육대회였다. 꽃무늬 원피스에 뾰족구두를 신고 원색의 양산을 받쳐 들고 엄마는 손님처럼 서 있었다. 그래도 반갑고 설레어 가슴이 뛰었다. 체육대회에서는 엄마를 의식하면서 여학생만 하는 무용에서 독무를 뽐내 보였다. 엄마와는 2년 만의 재회라 감정이 북받쳐 울음이 터질듯한데 엄마는 담담하게 시골 애들과 다르게 곧잘 하더란 이야기만 하고 끝이었다. 너무나 기뻐서 와락 안기려 했을 때도 엄마는 손도 잡아 주지 않았다. 무안하고 민망했다.

친구들이 수군댔다. 새엄마라서 시골에 보내고, 언니랑 둘이 사는 거라고 힐끔댔다. 그때 직장에서 조퇴한 언니를 보자 참았던 울음을 터뜨렸다. 언니는 토닥토닥 엄마 대신 안아 주었다. 그날도 언니가 엄마였다. 엄마는 서울로 갈 길이 바쁘다고 읍내 차부까지 가서야 짜장면 한 그릇씩 시켜주고 가버렸다.

나란 존재를 세상에 있게 했으니 감사한 건 맞지만 거기까지였다. 언니 덕에 나는 괜찮은 어른으로 성장할 수 있었다. 사람 노릇 제대로 하는 정직한 사람으로 만들어 준 것도 언니였다. 언니의 은혜를 갚으려면 머리카락을 뽑아 짚신을 삼아도 모자를 텐데, 선물 한번 못했다. 정말 미안하고 고맙다.

이제 구순을 넘기신 엄마, 돌아가실 날이 가까우니 지금에서야 첫 자식이 마음이 쓰인다며 언니를 두고 가슴아파 하신다. 자식을 다정하게 안아주고 사랑을 표현할 줄 몰랐던 일들이 후회된다고 했다. 진실이고 진심이다. 세상 어느 부모가 제 자식을 사랑하지 않겠는가!

두 번째 엄마가 되어 준 언니도 벌써 칠십을 넘겼다. 그런데도 환갑이 된 동생의 안부를 챙긴다. 늘 뼛속까지 사무치게 감사하다. 아픈 데는 없냐며 열심히 잘 살아줘서 고맙고 장하다고 한다. 날 이토록 걱정하고 사랑하는 사람은 두 번째 엄마뿐이다. 사랑받지 못했기에 사랑의 표현이 익숙하지 않았던 첫 번째 엄마는 가슴에 가득 자식에 대한 걱정과 염려로 당신의 사랑을 전한 거였다. 겉으론 냉정하고 무뚝뚝했던 그것 역시 엄마의 참사랑이었다. 비록 사랑한다고 안아 준 적은 없었지만 성실하게 살아 내고 책임지는 인생을 가르쳐 준 거였다.

엄마는 지난 이야기를 많이 잊었다. 조금 전 통화했어도 손가락이 부러졌냐고 고함을 친다. 사나흘 전에 다녀왔는데도 안산에 언제 오냐고 성화다. 난 아직도 야속한 마음이 든다. 착한 언니는 노인네가 불쌍하다고 미워하지 말라고 이른다. 난 불쑥 올라오는 분노를 참는다. 그리고 아들과 딸에게 혹시라도 냉정하고 쌀쌀맞은 엄마는 아니었을지 혼자 묻는다. 가끔씩, 사랑한다는 마음을 고백해야 할 것 같다. 진심으로 너희를 사랑한다고 전하고싶다.

딸내미 선물

무수한 별들이 찬란한 은하계를 흘러 소망의 빛들을 쏟아 낸다. 별들이 반짝인다. 누군가의 소원이 이루어지는 시간이다. 형용할 수 없는 간절한 염원들이 모여서 우주로, 우주로 신호를 보냈던 모양이다. 그런데도 날 위해 존재하는 별은 보이지 않는다. 내 염원은 하늘에 닿을 수 없는 바람이었나보다. 오랜 시간 동안 간절하게 빌고, 날마다 밤하늘의 별을 찾아 빌어도 소망의 별은 뜨지 않았다. 나를 비추는 별빛은 어디에도 없는 것 같았다. 아무래도 나는 하늘이 들어줄 수 없는 걸 원했던 게 틀림없다.

억울하다. 평생 성실하게 일했고 정직하게 살았다. 그래서 선물 같은 날들이 오겠지 고대했는데 그게 아니다. 선물은커녕 얽히고설키는 복잡한 시간만 쌓여갔다. 돌아보면 좋은 날보다 지치고 답답한 날들이 훨씬 많았다. 그래서였는지 세상을 향해 소원하는 일들이 점차 늘어나게 됐다.

나는 운명이니 숙명이니 하는 말에 몹시도 부정적이다. 팔자를 운운하는 일은 더더욱 믿지 않는다. 결혼 운이 없다면서 복의 문이 닫혔다고 했다. 내내 고생하다가 마흔을 넘어서면 언제 그랬냐는 듯 남부럽지 않게 산다는 소릴 들었는데 모두 거짓말이었다. 전혀 그렇지 않았다.

팔자도 다 틀렸다. 남편과 연을 맺으면 남들보다 금슬 좋아 다복하다고 했는데 그것도 애초에 틀렸다. 시간이 갈수록 주변 사람들 전부 행복한데 나만 불행 속에 허우적거려 보였다.

나는 인생에 쌍무지개 뜨는 날이 곧 올거라고 버티며 기다렸다. 우울하고 불행한 날을 말끔히 걷어가길 소망했다. 로또가 맞기를 고대하기도 했고, 어디선가 날 구해 줄 누군가가 나타나 모르는 곳으로 훌쩍 데려가면 좋겠다는 한심한 생각을 갖기도 했다. 어느 순간에는 다 잊고, 다 날려버려서 세상에 흔적도 남기지 말고 사라졌으면 좋겠다는 생각도 했다. 불우했던 인생을 모조리 하얗게 지워버리고 싶었다.

오로지 나만을 위한 최고의 선물을 갖고 싶었다. 슬프고 지칠 때마다 선물을 받고 싶었다. 최대의 행복을 가져다 줄 인생의 찬란한 선물을 간절히 원했다. 그런데 선물은 그런 거였다. 받고 싶은 것보다 주고 싶은 거였다.

성장한 아들과 딸이 독립하고, 나도 완전 독립체가 되면 찬란한 태양이 솟아오를 것만 같았다. 다시는 그동안처럼 살지 않겠노라 다짐하면서 한 번만 인생을 다시 새롭게 살아봤으면 했다. 늘 원하는 삶대로 살지 못했다고, 이런 인생을 꿈꾼 건 아니라고 스스로 인정하지 않았다. 항상 목구멍까지 불만이 차오르고 가슴 한가득 불평이 넘쳐났다. 이런 욕심으로 원하는 선물까지 내놓으라며 하늘을 원망했다. 선물을 받을 자격이 없는 거였다. 그런데도 끊임없이 뭔가를 얻으려고만 했다.

행복하려면 내가 원하는 것만 바랄 수 없는 거였다. 상대가 원하는 것을 알아내고 어렵고 힘든 문제를 함께 풀어 나가는 게 중요했다. 그러기 위해 나를 바꾸어야 하는데 무조건 상대가 나만을 위해서 맞춰주고 헌신하길 바랐던 게 많았다.

소원은 이루어질 수 없었다. 모두 내 탓이었다. 또다시 두 손 모아 소원을 빌고 선물 같은 날이 오길 바랐다. 밤마다 별빛과 달빛을 좇아 행복하게 살고 싶다는 간절한 소원을 빌었다. 행복한 노랫소리가 메아리치기를 기도했다.

나는 이제 별빛 없는 까만 밤하늘을 올려다본다. 아니 우러러본다. 두 손아귀에 움켜잡은 욕심과 불만을 모두 벗어 버리고 싶다. 선물을 내려주지 않아도 괜찮다고 나를 위로했다.

문득, 반짝이는 햇살 아래서 숨을 쉬고 노동할 수 있다는 게 감사했다. 이 모습 이대로의 존재에 무한 감사함이 생겨났다. 그제서야 아주 가까운 곳에서 들려오는 아이의 목소리가 고운 선율로 내려꽂혔다. 선물이로구나!

　선물은 주는 사람의 마음이다. 받는 사람 마음은 중요하지 않다. 선물을 줄 사람이 주고 싶은 사람을 떠올려 사랑하는 마음과 정성을 전하는 고귀한 행위이다. 상대의 반응과 상상까지를 깊이 생각해주는 위대한 행위다. 선물을 받고 싶은 사람은 선물로 무얼 갖겠다고 바라면 안되는 거였다. 그저 주시는 그대로 감사하게 받는 거였다.

　딸아이의 아이가 콧등을 찡그리며 웃는다. 아장거리며 내 손을 잡으러 걸어온다. 부서지는 가을 햇살에 반짝반짝 눈부시게 웃어댄다. 마음이 행복해지는 선물이다.

　아! 내게 선물을 주셨구나!

마음속 봄비가 내리는 날

봄날이 왔다가 간다. 벚꽃이 흐드러지게 피었고 하염없이 비가 내리더니 찬바람에 꽃 이파리가 떨어져 날아간다. 계절이란 것은 늘 그렇듯 사람들의 무의식 속에 살면서 제 맘대로 세뇌시키고 제 방식대로 길들여 놓고 가버린다. 기억하고 싶은 것만 기억하게 한 뒤 습관처럼 과거를 잊도록 한다.

나는 그동안 헤아릴 수 없는 시간을 선물로 받았다. 벅차고 기쁘게 간직한 시간도 많았지만, 아련하고 아쉬웠던 시간 들도 남아져 있다. 그래도 다행인지 폭풍 휘몰아치는 격동의 시간은 기억되지 않는다. 가끔 가슴으로 밀려든 파도 더미를 힘겹게 넘을 때마다 내 마음에 따뜻한 봄비가 내려 주기를 간절히 바랐다. 씨실과 날실처럼 햇빛과 달빛은 날마다 곱게 짜여가고, 시간은 자연의 순리대로 누구에게나 공평하게 분배되었다. 같은 몫으로 받은 소중한 시간이 나의 삶 속에서 조용한 빗방울처럼 스며들었다.

나는 유독 바람이 불고 비가 내리는 날을 손꼽았다. 비가 내리면 이리저리 마음이 자유로워졌다. 바람 속엔 그리움이 살았고, 사방으로 흩뿌려지는 빗방울 속엔 어릴 적 추억이 잠들어 있었다. 바람은 늘 약속처럼 비를 몰아오곤 했다. 그러다 차가운 빗방울이 얼굴 위로 떨어질 때면 빗방울의 분주한 움직임에 마음을 빼앗겼다. 비가 내리면 체증처럼 막혀있는 고뇌와 번민들은 한꺼번에 씻겨 내려갔다. 쏟아지는 빗줄기는 피하지 않았다. 마음을 씻어주는 빗소리가 시원스레 묵혀있던 매듭을 풀어주었다.

나는 예전부터 비를 맞고 다녔다. 비의 촉감은 경험할수록 살가웠다. 여름날 대차게 쏟아지는 장대비는 가슴속 시원한 후련함을 주었다. 차분히 가라앉는 보슬비나 추적추적 가을비는 아예 비를 그어 볼 생각도 갖지 않았다. 빗방울의 전주곡에 귀 기울였고, 빗방울이 투명한 유리창에 떨어져 내릴 때는 수많은 올챙이들이 꼬물거리며 모여드는 듯한 착각을 즐거워했다.

내가 훨씬 더 어렸을 때는 그렇게 내리는 봄비나 가을비는 키가 크는 비라고 들었다. 유독 키가 작았던 내가 비를 좋아한 이유도 바로 여기에 있었다. '정말 키가 크려나' 의심하면서도 내 몫까지 오지 않는 우산 때문에 어린 맘 다칠까 에둘러댄 엄마의 뻔한 거짓말을 그 땐 알지 못했다. 오히려 나는 비를 맞는 동안 머리카락에 느껴지는 미세한 동요가 마법의 주문처럼 귓바퀴에 잘도 길들여졌다. 정말 키가 자라날 거라고 하늘이 내려주는 비를 다 맞았다. 종이우산에 토독토독 떨어지는 빗방울 소리도 잭크의 콩나무처럼 키가 쑥쑥 자라는 신비한 속삭임으로 들렸다.

그저 무심히 비를 맞고 걸었던 적도 많았다. 그땐 그런 풍경이 낯설지 않았다. 나처럼 비를 맞는 사람들이 많아서 우산 없이 그냥 비를 맞고 다니는 걸 보면 다들 나처럼 비를 좋아하나 했다. 그렇게 스무 살이 넘도록 비를 맞고 다녔다. 하지만 바라던 대로 키가 자라진 않았다. '비 맞으면 키가 큰다.'는 달콤한 말이 비록 근거 없고 비과학적이라 해도 상관없었다. 터무니없는 허황된 말장난이라 하더라도 하늘과 구름과 바람이 준 무조건의 선물이었기에 더없이 행복하고 행복했다.

나도 모르는 사이, 흰 머리가 쉬 자라는 원치 않는 나이를 갖게 됐다. 지금도 구름의 부피를 덜어내며 변함없는 체온으로 내게 다가오는 빗방울의 청아함이 좋다. 그래서인지 소나기가 쏟아져 내릴 때도 아직은 우산을 받쳐 들지 않고 비를 맞을 때가 훨씬 많다. 나 어릴 적 키 크는 비는 정말 고운 빗방울의 내림이었다. 인간과 문명의 이기가 하늘로 오르는 물의 천연을 변질시키기 전까지는 몽땅 다 공중으로 올랐다가 떨어져 내리는 아름다운 빗방울의 행진이었다.

지금 나의 양심은 몹시 부끄러워하고 있다. 오염되어 내리는 비를 피하면서 모두 반성하고 후회하고 안타까워한다는 것도 알고 있다. 우산이 없어도 아무렇지도 않게 텀벙거리며 자연스럽게 비를 맞고 다녔던 몇 십 년 전의 그 깨끗한 빗방울이 그립기만 하다. 내가 이 세상에 홀연 떨어져 내린 씨앗이 아닌 듯 맑은 물방울, 영롱한 빗방울은 혼자 생성될 수 없는 존재였다. 높이 떠 있는 구름 속에서 태어났고 이리저리 자유로운 바람이 키워냈다.

비가 내린다. 빗방울이 떨어진다. 마음 속에 꽃비가 내린다.
무시로 내리는 비는 빗방울로 떨어지면서 공중 부양을 꿈꾼다. 물방울의 작은 알갱이, 수증기로 변신을 꾀하며 수직 낙하의 아름다운 비행을 준비한다. 비록 나의 작은 키를 자라게 할 수는 없었어도 비에 길들어진 모든 생물은 자연에 순응하며 봄비에 자양분을 얻고, 여름비에 키를 키우고 쑥쑥 자라도록 애썼으니 비의 공로는 가히 칭찬할 만하다.

마음의 거리

　서울 약수동 산동네에 온가족이 모여 살던 적이 있었다. 복작복작대며 서로 애틋하고 정답던 시절이었다. 아련한 그때, 편리나 편의가 뭔지 몰랐던 오남매의 순수한 모습들이 무척이나 그리워진다.

　성인이 되면서 오남매는 각처로 흩어져 살았다. 연고도 없었는데 막연한 꿈으로 강과 호수를 좇아 춘천에 살고자 했던 나는 원대로 춘천에 붙들렸다. 부천에 자리 내린 언니도 그렇지만 어쩌다 태국으로 떠나버린 두 오빠도 그렇게 멀어졌고, 수원에서 토박이처럼 살고 있는 여동생 역시 모두 사방팔방 씩씩하고 용감하게 우리들의 고향 약수동을 떠나 각자도생했다. 오남매 모두 욕심 없는 성격들이 미덕이랄까 제 것으로 만족하며 남 부러움이나 남의 탓 없이 제 분수대로 제 형편에 맞게 살았다. 이따금씩 삶의 무게에 눌려 버겁고 힘들었을 때도 요행을 바라거나 주변을 힘들게 하는 일들은 없었다. 어쩌면 어렵거나 약한 모습 보이기 싫어서 오랜 시간 무소식이 희소식이려니 하며 모른 척 그렇게 서로에게 소원했는지도 모른다. 그러다가 몇 해전 여름 '죽기 전에 멀리 있는 아들 얼굴은 봐야겠다.'고 성화하시는 노모의 간절함을 앞세워 그동안 벌어졌던 동기간의 정을 메워보기로 했다.

참으로 오랜만에 제대로 뭉쳤다. 그동안 쌍으로. 곱으로, 늘어난 머릿수를 모아 휠체어에 노모를 모시고 태국방문 길에 나섰다. 86세의 노모를 구심점으로 타국만리 두 오빠를 찾아가 한자리에 앉았다. 무려 6년 만에 다 만난 거였다. 그러나 워낙 무뚝뚝한 성격들이라 반갑다는 표현은 굵고 짧았다. 세월의 거리는 이미 마음의 거리가 됐다. 눈에서 멀어지면 마음에서도 멀다더니 정말 그랬다. 몇 해를 연락 없이 헤어져 살아서 그런지 서먹서먹하고 거리가 느껴졌다. 만나지 못했던 시간만큼 각자 겪었을 힘든 일들이 많았을 텐데, 어떻게 살았는지 그저 좋은 모습만 보이려 애썼다. 그늘진 모습은 눈곱만큼의 티도 내지 않았다.

만나지 못했던 시간만큼 서로 별 탈 없이 잘 지내왔던 것처럼 구김살 없이 웃는 얼굴들이었다. 하지만 연로한 엄마는 달랐다. 방콕 공항에서 큰아들을 얼싸안고 눈시울을 붉히는 건 오로지 늙은 엄마뿐이었다. 헤어졌던 시간만큼 그저 그립고 애절한 마음은 전부 엄마 몫인 것 같았다. 다들 반가움을 마음에 넣고 덤덤하게 손님처럼 인사했지만 주름 깊은 노모의 얼굴엔 쉴 새

없이 눈물이 흘렀다. 저리도 아들이 보고 싶었나! 저리도 그리 웠을까!

한국 사람은 어딜 가도 독종이라서 기가 죽지 않고 잘산다더니 그 말이 딱 맞았다. 사업 실패로 도망치듯 출국한 오빠들은 태국에서 외국인 근로자가 됐다. 그곳에서 재기를 꿈꾸며 죽기 살기로 일만 했다고 한다. 한류열풍으로 한국인의 인기가 대단한 덕에 두 오빠의 태국 정착에도 좋은 영향을 주었다고 했다. 오빠들은 파타야 쪽 한적한 곳에 별장처럼 커다란 저택을 마련하고 현지인을 도우미로 두고 나름 잘살고 있었다. 방도 여러 개에 거실도 넓고, 잔디가 깔린 넓은 마당에 외제 차 몇 대까지 죽 늘어선 모양새가 이젠 좀 살만한 거 같았다.

그동안에 타국살이가 눈물겹도록 무척이나 심했다고 했다. 그래도 선견지명으로 건축과 설계 분야에 국제 자격증을 준비한 게 큰 도움이 됐고, 발판이 됐단다. 하지만 태국에서 자격증으로 인정은 받았어도 입찰하고 공사하고 대금까지 받는 과정은 말할 수 없이 힘들었다고 했다. 사업 실패로 어쩔 수 없이 선택한 도피였다. 태국에서 성공하기까지 무려 10년이 걸렸다는 사실에 뭉클했다. 다행인지 파타야에 한인이 모여 살아 서로 의지하고 큰 도움이 됐다고 했다.

10년이면 모든게 변한다. 사실 몇 년도 채 안 돼서 이것저것 바뀌는 게 많다. 체질도 바뀌고 성격도 바뀌고 표정과 말버릇도 바뀌는 것 같다. 같은 형제 자매라도 각자 삶의 태도와 방식이 너무나 달랐다. 나 역시 너무 변해서 딴사람 같단 말을 들었는데, 굳이 말하자면 오빠들과 언니도 딴사람 같은 건 마찬가지였다. 오남매의 모든 게 변한 거였다. 어린 시절을 같이 지냈던 시간보다 어른으로 각자 살아온 세월이 훨씬 길었으니 말하나 마나였다. 그 긴 시간은 습관의 변화이고 인생의 변화였다.

가족의 개념도 바뀌면서 부모 동기간은 한 다리 건너 다소 객관적이었다. 그보다는 제 자식들이 우선이고 최고였다. 그렇지만 연로한 노모만은 변하지 않았다. 한 뼘의 거리감도 없이 그 삶에 들어앉은 듯했다. 자식에 대한 깊은 그리움과 두 아들, 특히 큰아들에 대한 사랑은 바뀐 게 한 가지도 없었다.

아들! 아들! 하면서 할아버지가 된 두 아들을 어루만지며 울고불고 애절했다. 노모의 사랑은 못 말리는 사랑이었다. 아들들이 평소 좋아한 음식이라고 어느 틈에 챙겼는지 콤콤한 냄새가 진동하는 명란젓과 함흥식 가자미식혜를 꽁꽁 얼리고 꼭꼭 싸매서 감춰왔다. 그걸 태국 밥상에다 차려 놓으니 두 오빠가 어찌 감동하지 않겠는가!

태국에서의 하룻밤은 짧았다. 오랫동안 벌어졌던 서로의 공백을 메울 순 없었다. 떨어져 있던 거리만큼의 어색함은 밤새 해도 좋을 동기간의 어린 날들로 채워갔다. 다정한 오누이들의 예전 이야기에 마음의 거리는 조금씩 좁혀졌다. 패키지로 놀러 온 여행객들처럼 방을 배정받고, 가족별로 짐을 풀고서야 두 오빠를 만나러 온 목적 말고도 태국 여행길에 잠깐 둘러볼 속마음이 들통났다.

다음날 빽빽한 여행 일정을 보고 이기적인 마음에 미안함이 들었다. 여행지 곳곳을 노모와 동행하기는 어려워서 이틀 후 돌아갈 때 다시 만나는 걸로 했다. 이틀 동안 엄마를 모실 작은 올케에게 미안한 마음이 컸다.

이번 여행은 얼결에 합의가 돼 여행길에 오른 거였지만 큰 의미가 있었다. 만약에라도 암으로 고생하시는 엄마가 돌아가시면 두 오빠가 잠시 들어오겠지만 다시 태국으로 돌아가기가 어려운 큰오빠의 입장에선 엄마의 방문은 감사함이었다. 누구보다도 두 아들을 보고싶어 하는 엄마의 애절함이 이번 여행의 목적이었다. 태국의 유명 관광지를 돌아보고 맛사지를 받고 값비싼 태국 요리를 대접받았다. 그러면서 속으론 집으로 돌아가 원래대로 살아가야 할 의무감과 책임감에 속절없이 흐르는 시간이 부담스러운 것 같았다.

나흘째 되는 날, 큰오빠만 짬을 내어 일부를 승용차에 태우고 또 나머지는 택시를 이용해 공항까지 배웅해 주었다. 헤어지기 몇 시간 전에 파타야 해변에 둘러앉아 이야기했던 태국 생활은 그저 그런 일상이었다. 부천이나 춘천이나, 태국이나 다 똑같은 일상을 살고 있었다. 가엾게도 우리 남매들은 팔자 늘어진 삶이 하나도 없었다. 파타야로 돌아가는 오빠의 뒷모습에서 타향살이의 서글픔이 느껴져 씁쓸했다. 헤어짐의 시간은 늘 아쉬움이다. 엄마는 약해진 몸을 일으켜 아들의 손을 꼭 붙들고 놓지 않으려 애쓰셨다. 쌈짓돈을 아들에게 건네주며 먹고 싶은 걸 사먹어라 한다. 오빠는 그 돈을 마다하지 않고 주머니에 얼른 넣어 보이며 엄마 좋아하라고 어린애 시늉을 한다.

십 년도 더 걸려서 모두 모였지만 얼굴 한 번씩 본 게 다였다. 뛸 듯이 반가워했어도 그냥 거기까지였다. 너무 오래도록 헤어져 있어서 이렇게 소원함이 쌓이고 마음의 거리도 생긴 듯했다. 한 가지에 났어도 이파리들이 다르게 생기고 열매도 다각각 맺는 거였다. 그나마 노모의 성화가 아니었다면 모이기나 했을까!

태국에서 서로에게 마음의 거리를 들켜버렸던 처음과는 달랐다. 이렇게 헤어지면 진짜 엄마 장례식에서나 보게 되나 싶어 가슴속에 품고 있던 동기간의 애정이 저절로 발동했다. 그동안 서로를 눈여겨 챙겨주지 못했던 세월에 애달파 했다. 이제라도 우리들의 옛날로 돌아가 약수동 산 37번지에 살았던 가족이었음을 잊지 말자고 따뜻한 눈인사를 나누고 손을 흔들었다.

버스 도서관

　서울에 지하철이 생긴 뒤, 노선이 사방으로 확산했다. 누구나 마음만 먹으면 빠르고 편리하게 목적지로 이동할 수 있어 신문물의 영접이 따로 없었다. 그럼에도 나는 전철보다 버스를 이용하는 게 훨씬 좋았다. 지하철을 타기 위한 여러 과정이 내키지 않아서였다. 숨이 가쁘게 계단을 오르고 내리는 조급함이 싫었다. 그냥, 어쩌다 드문드문, 막연하게 서 있는 버스 정거장이 친근했다. 버스가 도착하면 내리고 타는 사람들을 마냥 기다려주는 한가로운 배려가 좋았다.

　버스를 타고 다니면 뜻하지 않은 즐거움을 얻게 된다. 특히 버스 안에서 독서를 즐기는 게 무척이나 설레었다. 그 기쁨이 참으로 쏠쏠했다. 높이 매달려 있는 지하철의 손잡이는 작은 키에 닿기가 어려웠지만 버스는 손잡이가 높아도 여기저기 몸으로 기대어 잡고 있기가 퍽이나 괜찮았다. 난감한 건 오히려 생면부지의 낯선 눈동자들과 이유 없이 자꾸 부딪히는 거였다.

그럴 때 신문이나 책 같은 읽을거리만 있으면 시선이 고정되어
한결 편했다.

쉬는 날이나 시간이 헐렁한 날이면 어김없이 버스를 타고 길
을 나섰다. 간단한 여장을 꾸려 버스에 오르고, 나들이 가듯 가
벼운 여행을 즐겼다. 마치 시설 좋고 기품있는 도서관을 찾아
가는 양 정갈하게 차려입고 멋을 부렸다. 그렇게 마음과 정신
을 한껏 치장해도 좋을 만큼 버스 도서관으로의 여행은 의미가
있었다. 내내 쌓아 둔 묵은 감정의 찌꺼기나 답답함이 사라지
기까지 실컷 바람을 맞으면 가슴속이 시원해졌다. 차창을 스치
다가 깊은 인상이 남을 때는 단상을 적어 나갔다. 그리고 홀로
감상에 젖어 시적 황홀경에 빠지기도 했다. 버스 속에서 가장
좋은 건 평소 읽고 싶었던 책을 맘껏 읽어 호사를 누리는 여유
였다.

주로 종로5가에서 12번이나 13번 버스를 이용했다. 버스 종
점까지의 왕복시간을 예상해서 가방엔 항상 읽을 책 몇 권은
준비해 나갔다. 저절로 신나는 일이 바로 그 일 이었다. 13번
버스는 종로 5가와 동대문을 지나고, 수유리 우이동을 거쳐 의
정부까지 한 시간이 족히 넘도록 달려간다. 가는 동안 시내 구
경은 물론, 한적한 교외의 풍경까지 계절의 변화를 시시로 두
눈에 가득 담는다. 마냥 자유롭고 여유롭다.

그런 버스의 공간도 하루 두어 번 치열한 시간을 겪는다. 출근 시간과 등교 시간이 맞물리고 하교 시간과 퇴근 시간이 그랬다. 그래도 중심가를 벗어나 서너 정거장 지나면 버스 안이 허룩해졌다. 그렇게 한적한 여백을 차지하도록 한산한 공간이 펼쳐진다. 모두 자신들이 추구하는 세계와 가까워지도록 문자와 문자 사이의 신비함을 경험한다. 비로소 독자로서의 가장 행복한 권리를 갖게 되는 시간을 누린다.

작가 다니엘 페나크는 자신의 작품 '소설처럼'에서 '책을 읽지 않을 권리'를 비롯해 '책을 읽고 아무 말도 하지 않을 권리' 등 10가지 독자의 권리를 말하고 있다. 그중 나처럼 버스에서 책 읽기를 즐기는 사람들은 '아무 곳에서나 읽을 권리나, 건너뛰며 읽을 권리'에 맞는 독자의 권리를 누리는 거였다. 그런 독자의 권리로 나는 레마르크의 소설 개선문과 '나다니엘 호손'의 주홍 글씨, 한국의 단편소설 수십 편을 문고판으로 읽어왔다. 바로 버스를 타고 다니면서 읽었던 책들이다. 나만의 버스 도서관 덕을 톡톡히 본 셈이다.

세계적으로 책을 가장 많이 읽는 나라는 스페인이다. 지하철이나 버스에서 책을 읽는 독서 인구 역시 가장 많은 나라도 스페인이다. 국민 10명 중, 7명이 1년에 10권~ 12권 정도 읽는다고 한다. 정말 독서력이 높은 수준이다. 놀랍게도 우리나라는 책을 잘 읽지 않는 나라로 알려져 있다. 이런 현실에 적잖이 부끄럽다. 우리나라의 높은 문화 수준을 생각하면 믿기지도 않는다. 더 심각한 것은 1년 동안 단 한 권도 책을 읽지 않는 성인이 10명 중, 6명 이란 사실이 독서 실태조사에 나타났다. 나는 잘못된 통계일 거라고 고개를 저으며 믿지 않으려 한다.

책을 읽는 모습은 지하철이나 버스, 도서관이나 마당, 그 어디서나 아름다운 그림처럼 우아하고 고상해 보인다. 가치가 있는 행위이다. 벤치에 앉아서 읽어도, 식탁에 앉아서 읽어도, 읽다가 바쁜 일 뒤에 읽던 페이지를 건너뛰어 읽어도 진정으로 아름다운 모습이다.

지하철에서도, 기차나 버스에서도, 비행기로 하늘을 날면서도 공원 쉼터에 앉아 바람을 맞으면서도 책 읽기의 낭만은 차고 넘쳐난다. 독서의 자세, 사색과 명상에 잠기는 모습은 진정 아름다운 모습이 아닐 수 없다.

산동네 겨울 이야기

　서울 한가운데, 남산이 마주 보이는 동네에서 살았다. 그곳은 하늘 아래 첫 동네였다. 초승달이 가늘게 떴다 지고, 별똥별도 수없이 떨어지는 산꼭대기 동네였다. 산동네는 아랫동네보다 겨울이 일찍 찾아왔다. 작은방 머리맡에는 지난 저녁에 빨아 두었던 방 걸레가 돌덩이처럼 얼어있다. 겨울은 길고 추위는 더 길었던 날들 속에는 얼어 터진 수돗가와 연탄재가 뿌려진 골목의 빙판길이 스쳐 간다.

　겨울을 혹독하게 겪어냈던 그때는 방에서도 코가 떨어져 나갈 만큼 외풍이 셌다. 방바닥이 차가워 아랫목을 먼저 차지하느냐에 따라 누가 사랑을 많이 받는지를 알 수 있었다. 어찌 보면 아랫목 서열은 이미 정해진 거였다. 언니와 두 오빠는 윗목에 이부자리를 피고, 나와 동생이 아랫목에서 잤다. 밤이 오면 잠자리에 들어갈 때마다 이불속에 온수통을 넣고 잤다. 온수통은 질긴 고무주머니에 물을 끓여 담고 꽁꽁 묶은 뒤, 수건으로 싸서는 이부자리 속으로 밀어 넣는 거였다. 그러면 잠깐 사이에 요와 이불이 따끈하게 데워지기도 했다.

 겨울바람 소리는 사나웠다. 이불을 머리끝까지 뒤집어쓸 정도로 춥고 추웠다. 전깃줄이 윙윙 음산한 소리를 냈고, 틈이 벌어진 문짝은 무시로 덜컹거렸다. 냉랭한 방 안 공기에 이불 밖으로 내민 코가 떨어져 나갈 듯이 추웠다. 몹시 추운 한밤중에는 화장실 볼일 때문에 여간 성가신 게 아니었다. 대도시 중심지에 살았어도 다들 화장실은 집 밖에 있는 편이었다. 엄마가 부엌에다 미리 요강을 준비해도 배탈이 날 땐 정말 큰일이었다. 대략 난감했다. 모두 잠든 시간에 누군가를 깨워 화장실을 가는 건 보통 일이 아니었다. 아픈 배를 참고 버틸 때까지 한참을 쩔쩔매다가 급기야는 울음을 터뜨려 엄마를 깨워야 일이 해결됐다. 겨울이 그토록 싫었던 이유도 바로 그 때문이다.

 겨울은 모든 게 얼어붙는다. 털실로 짠 장갑을 끼고 외투 주머니에 손을 넣어도 꽁꽁 언 손은 마찬가지였다. 손이 시리다 못해 아려서 울었던 적이 많았다. 발이 시린 건 더 힘들었다. 얇은 헝겊 운동화에 발이 얼어서 동통에 시달려 동동거렸다. 웬만한 거리는 죄다 걸어 다니던 때라 차가운 운동화 속에 발가락이 꽁꽁 얼어가면 발등으로 비비고 콩콩 찧다가는 강중강중 뛰었다.
 매섭고 시린 한겨울, 산동네 아이들은 잘들 놀았다. 아이들만의 방식으로 추위를 이겨냈다. 사방 천지를 쏘다니며 놀았다. 몸에 열을 내려고 뛰거나 달리면서 주로 속도가 붙는 놀이를 즐겼다. 함께 모여서 협업을 배우고 나눔의 실천도 놀이로 승화했다. 빈약한 놀잇감으로도 백분 활용하는 창발적인 놀이가 많았다. 땅을 파서 구슬을 구멍에 넣는 '들고' 놀이도 인기였다. 또 '자치기'라고 긴 막대기로 작은 막대기를 쳐서 하늘로 솟아오르게 한 다음, 쳐서 공중으로 날려 보내는 놀이인데 작은 막대기를 가장 멀리 보낸 사람이 이긴다. 또, 산수 과목에 도움이 되는 '숫자 뺏기' 놀이도 시간 가는 줄 모르고 정신 빠져서 하던 놀이다. 공기놀이에 고무줄놀이, 다방구까지 날이 어두워지도록 아이들은 놀이에 열중했다.

아이들은 순하고 순수했다. 일부러 친구를 따돌리거나 편을 가르지 않았다.

"누구야~ 노올자~~"

"그래~ 노올자~~"

조금씩은 모자라고 분에 넘쳐도 대문 앞에서 같이 놀자고 친구들을 불러서 여럿이 같이 놀았다. 어른들도 마찬가지였다. 한동네 살면서 이편, 저편이 없었다. 김장할 때는 내 일처럼 품앗이로 돕고 잔칫날엔 함께 음식 일을 거들었다. 장례식 때도 노란 장례등이 걸리면 자신들의 일처럼 밤새 슬퍼하며 함께 울어 주었다. 어려우면 나눠 먹고, 나눠 입었다. 아이들도 동네 어른들께 예의 바르게 인사하고 하루를 시작했다. 밥상머리

교육은 인사법을 가르치는 게 먼저였다. 인사를 주고받으며 아이들은 예절을 배웠고, 어른들은 칭찬과 격려로 백년대계의 희망을 기대했다.

산동네엔 낮이고 저녁이고 어른들은 별로 없었다. 아이들만 모여 놀았다. 어린아이든 좀 큰 아이든, 돌봐 주는 곳은 없었다. 지금처럼 단 몇 시간도 아이를 부탁할 마땅한 학원 같은 데도 없었다. 대부분 집에서 언니나 오빠들이 어른이 귀가할 때까지 동생들을 돌봤다. 돌봄의 부재, 교육의 부재, 그러나 다행히 왕따라는 말도, 지금처럼 사이코패스나 소시오패스란 말도 들어 본 적 없던 시절이었다.

산동네를 떠났어도 언제나처럼 달이 뜨고 별들이 내렸다. 무수한 날과 밤을 뛰어넘어 어른이 되고, 아내가 되고, 할머니가 되었다. 오늘도 겨울 해를 안은 새벽이 총총 다가와 안녕한지를 묻는다. 잘살고 있다고 화답한다. 커튼을 치고 난방 보일러의 온도를 한껏 높인다. 찬 겨울 따뜻한 공기가 거실 가득 채워진다.

문득 한길이 건너다보이는 대룡산에 달빛이 가깝다. 커다랗게 솟은 달덩이를 바라본다. 어릴 때의 산동네 달님도 떠오른다. 월광 소나타가 귓속에 잔잔한 선율로 울려온다.

상처받은 내면 아이

- 독서심리치료 -

얼마 전부터 독서 심리 치료 과정을 수강하면서 전에는 알지 못했던 숨겨진 자아를 발견하는 시간이 됐다. 수업을 위한 수강생들의 필독 도서들도 이전엔 몰랐던 색다른 경험과 위안을 주었다. 잠재되어 있는 가슴 깊은 곳의 슬픔과 아픔, 트라우마가 나타나기 시작했다. 특히 이번에 읽게 된 '상처받은 내면 아이'는 진작부터 만나야 했을 또 다른 나의 존재였다.

나이로는 이미 어른이 됐지만, 제대로 된 어른이 아니다. 정서적으로 매우 불안했고 이유 없는 두려움이 항상 내재해 있었다. 영혼의 세계가 성숙하지 못했다. 환갑이 지나도 열네 살에 멈추어 있었다. 심리적으로나 정신적으로 성장하지 못한 내면 아이는 현실의 나이와는 무관했다. 정서적으로 불안정한 내면의 아이는 바로 나, 자신이었다.

세월에 떠밀려 거역하지 못하고 어른이 돼 버린 피상적 자아와 유치하고 나약한 내면의 자아가 공존하고 있는 거였다.

시간을 뒤로 돌렸다. 상처로 슬퍼하던 그때가 보였다. 내면 아이와의 대면은 불가피하다. 조용하고 쓸쓸하게 보냈던 열네 살은 유년기는 아니어도 내겐 어린 시절이었다.

시골 마을, 오래된 성당 뜰에 앉아서 토끼풀을 뜯는 모습과 가족을 그리워하던 모습이 보인다. 누군가의 손길이 필요한 때지만, 곁엔 아무도 없다. 언니는 그런 나에게 토끼 한 쌍을 선물하면서 친구삼아 지내라 했다. 틈만 나면 토끼풀을 뜯어다 주었다. 일요일엔 풀밭이 많은 성당에서 주로 놀았다. 미사를 마치고 나올 주인집 할머니와 친구를 기다리며 성당 마당에서 풀을 뜯었다. 그때 나는 서울내기라고 따가운 눈총을 받았다. 글을 딱딱 끊어서 읽는다고 국어 시간마다 놀렸고, 말씨도 이상하고 책 읽을 때 잘난 체가 묻어난다며 수군대고 킥킥거렸다.

하교 후에는 혼자서 마냥 논둑길을 걸어 다녔다. 혼자라서 심심하고 더 외로웠다. 시골 아이들은 농사일과 가사를 돌보는 일로 모두가 바빴지만 난 할 일이 없었다. 그저 해가 저물면 서울 하늘을 바라보며 멀리 있는 엄마를 그리워하다 울었다.

독서 심리 치료를 시작하면서 불안한 마음이나 흔적 깊은 상처를 치유하는 방법은 그렇게 어렵거나 복잡한 게 아니라는 걸 깨달았다. 하지만 선뜻 내키지는 않았다. 내면 아이가 상처받았던 그때로 돌아가 상처를 주었던 장본인에게 지금껏 남겨진 상처를 그대로 고백하는 거였다. 내가 따지고 물어 볼 대상은 그 누구도 아닌 엄마였다. 열네 살, 그 아이가 낯선 타지에서 얼마나 슬프고 참담했는지 당신은 아냐고 묻기는 어려웠다. 복수하듯 하나씩 들추어 왜 그렇게 외면했냐고, 까마득히 잊고 사는 엄마에게 그걸 대놓고 물어야 하는 일이었다.

성인이 되어도 아직껏 아파하고 있는 내면 아이들이 적지 않았다. 그들의 상처를 함께 어루만지고 다독이기 시작했다. 서로가 들려주는 따뜻한 눈길과 마음의 소리에 슬프고 아팠던 감정이 사르르 녹아내렸다. 진실한 치유를 경험했다. 치유라는 단어가 모든 심리 치료의 시작이란 것도 느꼈다. 한 사람, 두 사람 각자의 20년, 30년, 40년 전 자신들의 모습을 그대로 떠올렸다.

아직도 슬퍼하고 있는 내면 아이를 불러 본다. 그때 얼마나 외롭고 두려웠는지 말을 걸었다. 아련한 슬픔에 젖어 눈물이 흐르고 숨어있던 내면 아이의 고독한 모습이 보인다. 어둠에 내몰리고 마음을 다쳐 아파하며 울고 있는 내면 아이를 보듬어 줄 수 있게 됐다. 늘 긴장되고 불안했던 원인은 불행한 성장기와 채워지지 않았던 애정의 목마름이었다. 바로 내면 아이, 성인 아이의 슬픔이었다. 중요한 건 그때로 돌아가서 상처받았던 그때를 기억하고 상대의 입장과 처지를 수용하고 용서하는 일이었다.

용서는 진정한 용기가 필요했다. 독서치료 반 수강생들도 한 사람씩 각자의 아픈 과거를 토로하기 시작했다. 모두 다 상처받은 어린아이들이었다. 이야기하면서 울고, 울면서 감정을 나누었다. 그동안 아무에게도 말하지 못했던 상처받은 이야기에 경청했고 고백하는 시간을 보냈다. 독서치료는 마음을 만져주고 위안을 주는 선물이 됐다.

참으로 오랜만에 가슴이 따뜻해지는 걸 느꼈다. 평온하고 침착해졌다. 외로움이 옅어지고 원망도 사그라졌다. 그땐 어쩔 수 없는 상황이었다고, 자식이 미운 부모가 있느냐고 반문했다. 나도 부모가 돼 봤거늘. 딸들이 객지에서 의연하게 잘 버티고 돌아오길 누구보다 간절히 바랐을 것이다. 살기 힘들었던 엄마가 잠시 숨 좀 돌릴 때까지만 어쩔 수 없이 헤어져 있는 거라고 암시하듯 혼잣말로 위로했을 것이다. 눈물을 흘리면서도 내색하지 않고 마음을 다잡았을 것이다. 사랑도 표현할 줄 모르는 당신을 이젠 다 용서하라고 하나보다.
나는 상처 받았던 내면 아이에게 '이제는 울지 말라'며 다 잊으라고 말해 주었다.

순녀 할머니 냉면

초복이 지나고, 중복이다. 자꾸 덥다고 해서 그런지 진짜 덥다. 지난봄, 어설프게 만들어진 텃밭에서 잡초 몇 꼬리 뽑고, 고추라도 예닐곱 개 따려고 쭈그리고 있다보면 땀이 한 바가지다. 이럴 때 살얼음 아삭한 냉면 한 그릇 후룩거리면 온몸이 시원하겠다.

한여름 무더위를 날려 줄 대표 음식은 뭐니 뭐니 해도 시원한 냉면이다. 여름에 줄 서는 맛집 중에는 단연 냉면집이 우선이고, 냉면이야말로 삼복더위에 즐겨 찾는 효자 메뉴이다. 어려서부터 냉면은 자주 먹고 즐겼다. 함흥이 고향인 엄마 덕에 여름, 겨울 가리지 않고 내내 먹던 음식이라 두고두고 생각날 소울 푸드가 됐다.

냉면을 유독 좋아하게 된 건 평생 냉면 장사로 집안 살림을 꾸려간 엄마의 영향이 컸다. 마땅한 가게가 없었는데도 엄마는 냉면을 잘도 팔았다. 누군가 알려 준 정보로 가락동 시장에 손님이 많다면서 주저 없이 냉면 장사를 한다고 나갔다. 나는 그런 엄마가 안쓰러워 가끔 아르바이트 삼아 버스를 갈아타며 가락동 시장을 찾아갔었다. 청과물 점포들이 빼곡한 곳, 점포 사이사이로 비좁은 골목에 큰 대야를 표식 삼아 '냉면'이라고 쓰여 있던 벗겨진 글씨가 먼저 눈에 띄었다. 아~ 지금도 붉은칠 벗겨진 '냉면' 글자가 떠올라 울컥하게 한다.

그 넓은 가락동 시장에는 엄마가 장사할 가게는 없었다. 청과물 골목에서 남의 가게에 수돗물을 끓어다 호스를 얻어 댔다. 나무로 된 사과 상자 몇 개로 칸을 막아 초라하게 만들어 놓은 준비 대에 냉면 그릇 너덧 개를 엎어놓고 냉면을 삶아 팔았다. 엄마는 집에서 미리 양념장과 냉면 가락을 하나씩 풀어 돌돌 뭉쳐서 나갔다. 냉면 그릇과 쟁반, 커다란 솥단지는 채소가게에 맡기고 다녔다. 채소가게 주인은 엄마가 함흥 사람이라 함흥 냉면 원조라고 맛있다는 소문도 내줬다. 엄마는 장사에 힘을 보태준 채소가게 식구들 냉면값은 절대 받지 않았다.

어느 날인가 엄마 장사를 도우려고 냉면 파는 골목에 들어섰는데 때마침 시장 경비들이 불법 행상을 금한다면서 엄마의 냉면 좌판을 발로 걷어차고 있었다. 나는 스무 살이 넘도록 누구와 큰소리 한번 낸 적이 없었지만, 그날은 달랐다. 가락동 시장이 떠나가도록 목에 핏대를 세웠다. 창피한 것도 부끄러운 것도 느끼지 못했다. 고함 소리가 무척이나 시끄러웠는지 주변 점포 사람들이 우르르 몰려들었다. 엄마는 경비에게 곧 치울 테니 주문받은 몇 그릇만 배달하고 접겠다고 굽신거렸는데도 경비 두 명이 솥이 올려있는 화구를 걷어차고 함지박 물을 바닥에 엎어놨다. 냉면 그릇이 이리저리 발로 차였다.

사람들이 열받으면 뚜껑이 열리고 가자미눈이 돼 돌아간다더니 내 눈도 이미 돌아간 뒤였다. 나는 대뜸 중년의 경비에게 침을 튀겨가며 왜 말로 하지 폭력을 쓰냐고 머리를 들이대며 대들었다. 그리고 아예 내 이마를 경비 가슴에다 처박았다가 젖히면서 발끝에 차인 냉면 그릇을 집어 들어 그들 앞에 내동댕이쳤다. 그리고 고래고래 소리를 지르며 울어댔다. 그때 엄마 입에서 처음 들어보는 육두문자가 튀어나왔다.
'이런 제기랄 것들! 평생 시장 경비나 해쳐 먹어라! 이놈들!'
엄마는 아가씨가 그러면 못 쓴다고 날 달래며 냉면 그릇을 사과 상자에 넣었다. 그 이후로 가락동 시장 점포 골목에서 하던 함흥냉면 집은 사라졌다. 그때의 기억에는 시장에서 호령하던 경비가 가장 센 사람이고 높은 사람이었다. 다음으로는 파출소의 순경들, 또 학교 선생들도 너무나 권위적이라 훌륭한 선생님으로 존경하기 전에 두려운 존재였다.

가락동 시장에서 냉면 좌판을 끝낸 엄마는 시흥 쪽으로 옮겨와서도 묵묵히 냉면 장사를 이어갔다. 다시는 경비한테 쫓기고, 냉면 쟁반을 이고 다니지 않아도 된다면서 아파트 상가

1층 코너에 대여섯 평짜리 냉면 집을 차렸다.

아버지가 돌아가시고 엄마가 팔순을 넘길 때까지 엄마는 쉬지 않고 냉면을 팔았다. 엄마의 냉면은 처음 먹어본 사람은 있어도 한 번만 먹어본 사람은 없을 정도로 유명했다. 가족은 물론이고 오빠 친구들, 동생 친구들, 동네 사람들까지 모두 세월 내내 냉면에 빠져 즐겨 먹었다. 그렇게 엄마의 함흥냉면은 위상을 떨쳤다. 겨울이고 여름이고 당신이 중병에 걸려 병원 신세를 질 때까지도 엄마는 날마다 냉면 장사를 했다.

유난히 무더운 올여름, 더위에 몸도 맘도 몹시 지쳤다. 얼음을 달고 살 정도로 덥고 더웠다. 더위를 피해 복날마다 춘천에서 냉면으로 유명한 맛집을 찾아다녔다. 함흥냉면 집만 골라서 다녔는데도 순녀 할머니 함흥냉면 맛과는 매우 달랐다. 그 손맛이 그리워졌다. 냉면 장수 우리 엄마는 지금 아주 많이 아프시다. 이젠 다시 엄마의 함흥냉면은 먹지 못하게 됐다. 녹말로 만들어서 함흥에서는 '농마국수'라고 한다고 늘 말씀하시던 엄마, 구순이 넘어 지금은 중환자실에 누워 계신다. 함경도 또순이 김순녀 할머니의 함흥냉면 한 그릇 시원하게 먹고 싶어진다.

2부

푸른 바다 파도를 넘어

결실, 2025
그림 | 김미숙 작가

가지 않은 길

위력이 약해진 태양이 가을을 불러왔다. 파삭한 메마름을 달래주려 물 조리개로 화분마다 물을 뿌리는데 제 갈 길로 잘도 자라난 각양의 푸른 잎들이 최선의 광합성을 하고 있다. 구석자리 손가락 선인장은 이미 자신만의 길을 개척했고 꽃기린 나무는 따가운 가시 줄기 사이사이 콩알 만 한 꽃송이를 피워냈다. 그 광경에 놀라 자연스러움이 위대한 배움이란 걸 다시 한번 깨닫는다. 누가 가르쳐주지 않았는데도 새로 옮겨진 화분에서 길이라고 생각한 대로 해바라기를 하고 있다. 한 줄 두 줄 원하는 방향으로 초록 잎 머리를 들고 있다.

벌써 다섯 가닥의 새 길을 터놓은 손가락 선인장은 땅속 시절부터 막막한 어둠을 뚫게 되면 자신은 어떤 길을 택할지 작정한 게 분명했다. 동향인 베란다에 햇빛 조각이 포슬대며 떨어지기 시작하면서부터 화분들은 줄기를 어디로 뻗어내서 얼마 동안 목마름을 버티며, 꽃은 언제 피워 절정을 이룰 건지 모든 걸 기획

하고 준비해 두었다. 뿌리가 자리를 잡고 잎을 피우는 그 시점부터 제 갈 길을 확실하게 정해 두었던 까닭에 그저 바람과 햇살의 은혜를 받기만 한 밉상은 되지 않았다. 문득, 작은 식물의 생장을 통해 나의 출생과 걸어온 길에 대해 생각이 이어졌다.

내가 태어난 60년대는 우리나라가 세계를 향해 걸음마를 시작하고 급히 성장하던 그때였다. 그 신작로에 나도 함께 서서 성장했다. 어른들은 생계를 위해 늘 바쁘게 움직였고, 지금처럼 아이들에게 미래의 꿈을 묻지 않았다. 아이들도 어른들을 의지하기보다 독립적으로 행동했다. 장차 어른이 되면 어떤 길이 장래성이 있는지보다 빨리 자라서 돈을 많이 벌어야 성공이라고 생각했다. 내가 무엇이 되기 위해 어떤 길로 갈지는 하나도 중요하지 않았다. 그래서 한때는 꿈이 뭐냐고 물으면 현모양처라고 대답했던 기억도 있다.

나는 고등학교 3학년이 되어서야 나아갈 길을 정했다. 아무도 내가 어떤 사람이 되고 싶어 하는지를 궁금해하지 않았다. 당시 선호하는 직업인 의사나 판사 변호사, 교사 중에 하나를 선택할 능력이 있는지 없는지가 중요한 거지 나머지 직업군은 상관없다는 말에 나는 막연히 글을 쓰는 시인이나 소설가가 되고 싶다고 생각했다. 그런 이유로 유치하기만 한 습작기를 거쳤다. 일단은 아는 사람들에게 편지쓰기를 자주하고, 소설과 수필을 읽고 평가하면서 되지 못하게, 시답지 않게 시를 창작하겠노라 노트에 끄적거린 날도 많았다.

하루를 정직한 노동으로만 평가받는 부모님은 개성이 강한 다섯 남매를 골고루 건사했다. 각자 가고 싶은 길을 알아서 가라고 그 배경이 돼 주려 애를 쓰셨다. 우리에게 꿈이 뭐냐고 묻지 않는 만큼 각자가 제 길을 찾아 떠나는 것 역시 되묻거나 채근하지 않으셨다. 뿌리가 가지를 내고 빛을 받아 머리를 향한 대로 뻗어 나가듯 그저 좋은 배경과 밑거름이 돼 주지 못함을 안타까워하며 가는 길을 묵묵히 응원하셨다. 나는 이제 부모님 같은 부모가 되고서야 걷는 길이 제대로인지 반추와 성찰의 시간을 갖게 되었다.

좁은 베란다 올망졸망한 화분들의 고군분투를 보면서 지금이 가을이라는 절묘함에 맞춰 나를 돌아본다. 성숙하게 살았는지 어른답게 행동하고, 책임을 다했는지에 대한 질문에 답이 궁색해진다. 그러고보면 부족한 부모 밑에서 잘 자라준 아들과 딸에게 미안해진다. 어려서부터 장래 희망이 뭐냐고, 원대한 포부를 지녀야 꿈을 이루는 거라고 욕심을 앞세워 내내 부담으로 고민하게 만든 일이 더욱 그렇다.

아이들이 원하면 힘닿는 데까지 그 길로 나갈 수 있도록 밀어줘야 했는데 그러지 못해 미안하기도 하다. 본인이 원하는 길을 알았다면 차라리 예전의 부모님처럼 좋아하는 게 뭔지 좀 더 밀어주고 이끌어야 했는데 제대로 응원해 주지 못해 후회가 남는다. 그래도 정말 다행이다. 아들과 딸은 자신들의 갈 길을 찾아 성실하게 걸어가고 있다. 부모가 갔던 길이 신기루 같은 허무한 길이 아니고, 헛손질이나 방황으로 이어진 부끄러운 길이 아닌 걸 알아주는 것도 내심으론 고마운 일이 됐다.

정직한 삶의 보답은 자신이 바라는 길을 여유 있게 걸어가는 일이다. 나는 조급함이 더해질수록 더 많은 준비를 한 뒤 출발해야 한다는 격려를 아끼지 않았다. 이제는 세월이 좋아서 백 년을 장수하는 시대가 됐다. 주변에서는 적어도 두 가지의 직업이 있어야 노년까지 버틴다며 은근히 가슴을 죄어온다. 그동안 걸어온 논술 교사의 길로 남은 삶을 지탱할 수 있을지 심한 압박감을 느끼고 있다. 가을에 흔들리는 노란 은행잎처럼 저렇게 흔들리다 떨어지면 어떻게 되는 걸까? 그 물음에 저절로 팔다리에 긴장감이 돈다.

하늘빛은 왕성한 여름 기운을 빼고 파랗게 물들어 있다. 베란다엔 금세 건조하고 시들거리는 화분들이 자리를 지키고있다. 벌써 겨울나기 준비를 하는지도 모른다.

내게도 진즉부터 가을이 와 있던 걸 알았다. 인생 여정의 가을 길에서 용기를 내어본다. 한 번쯤 걸어보고 싶었지만 가지 못했던 그 길을 걸어가려 한다. 이왕이면 멋지게 허리를 쭉 펴고 꼿꼿하게 걸어갈 생각이다.

그 남자가 사는 법

　춘천 터미널에서 인천국제공항까지 하루에도 수십 차례씩 공항버스가 운행되고 있다. 보통 한 번에 20여 명의 승객과 그들의 여행 가방을 실어 나른다. 춘천을 기점으로 인천공항까지 약 125km의 장거리, 그 길을 하루에 서너 번씩 왔다, 갔다, 다시 또 왔다 갔다 하는 고속버스이다. 새벽 4시가 첫 차라서 차가운 새벽공기를 가르며 집을 나설 때도 많고, 한밤을 넘겨 모두 다 잠든 시간에 운행이 종료될 때도 많다.

　공항버스 이용객 중에는 자기 캐리어를 당연히 기사가 실어 주는 걸로 알고 짐꾼처럼 대하는 경우가 있어서 불쾌할 때도 많다고 한다. 그러면서 여행 갈 때, 자기 캐리어는 본인이 직접 짐칸에 실으라고 신신당부한다. 부득이 기사의 도움이 필요할 때 돕긴 하는데 한두 번이 아니라 허리가 부러질 지경이란다. 자기들 좋다고 해외여행 가면서 공항까지 안전하게 운행할 기사에게 갑질하는 손님들 등살에 힘이 곱절 든다고 한다. 그렇게 특정의 다수를 태우고 자신은 또 다른 목적지를 향해 날마다 성실하게 일하는 고속버스 기사가 있다. 그 남자가 바로 나의 남자이다.

60년대 전후의 출생들이 대개 그렇듯 그는 초년고생이 무척이나 심했다. 일찌감치 소년가장이 됐고, 억척으로 살아내면서 장남의 책임까지 졌으니 궁핍한 살림살이 몰라라 하며 맘껏 공부할 수도, 꿈을 키울 수도 없었다. 그는 현실의 굴레를 벗어나려 남보다 일찍 사회인이 됐다. 냉정한 사회에서 필사적으로 발버둥 치며 눈칫살로 세상을 이겨냈다. 우연한 기회였지만 나는 그의 옆자리에서 그 삶의 한편 한편을 마음으로 읽어내릴 수 있었다.

서울에 살던 나와 달리 그의 삶은 굴곡지고 슬퍼 보였다. 그때부터 왠지 모를 이유가 그 남자를 보는 내 눈을 가렸고, 다른 곳을 외면하게 했다. 그 뒤로도 쭉 나는 그의 삶의 전부를 들여다보게 되었다. 난 어줍지 않게 그 남자의 인생길에 끼어들어 반려라는 아름다운 이름값을 비싸고 혹독하게 치르고 있다. 그렇게 아련했던 시절에 그 남자는 과감한 변모를 시도했다.

바다에서 생업으로 살기는 어렵다고 바다를 떠나왔다. 그리고, 파도를 넘어 대도시로 입성했다. 전지적 인생극 시점에서 보면 자신의 동아줄로 정해버린 대상이 나라는 걸 훗날 사실로 나타났다. 그 남자는 이상과 현실의 괴리를 누구보다 뼈저리게 느꼈기에 미래의 인생 설계에서는 조금의 오차도 허용할 수 없다고 했다.

특별시에 살던 그 남자의 '여자 사람 친구'인 나를 인간관계 망에 넣고, 인생의 고해를 막아낼 방도를 찾아 거침없이 전진한 거였다. 드디어 그는 이촌향도에 성공했다. 당시 유행하던 007가방 하나를 달랑 들고 우리 집 주소를 물어 꿈을 찾아, 사랑을 찾아 말 그대로 무작정 상경했다. 눈치코치 빤한 그는 서울살이 일 년 만에 학연, 지연, 배경도 없고, 돈도 없으면 아무것도 안 되는 게 자신 같은 청춘이란 걸 곧 알아차렸다. 개구리가 멀리뛰기 위해 도움닫기 하듯, 서울을 떠나면서 곧 돌아올 거라며 기다리라고 했다. 그리고 정말 자신의 계획대로 서울로 돌아왔고, 나를 물고 늘어졌다.

그는 나에게 어떻게 살아야 잘 사는 거고, 무슨 직업을 가져야 평생 동행하겠냐고 물으며, 그걸 알아야 자신의 인생 설계를 제대로 할 수 있다고 했다. 바보 같은 나는 겁도 없이 걱정하지 말라며 그 남자의 인생 컨설팅을 시작했으니 지금 생각하면 내 입을 꿰매고 싶을 만큼 후회스럽기 그지없다.

얼핏 떠오른 생각이 고기잡이는 하지 않는다고 하고 자본금도 없고, 비빌 언덕도 없고, 기술도 딱히 없는 현실이니 그래도 대형면허를 취득하면 전문직이 되지 않을까 싶었다. 그 남자가 사는 법은 그랬다. 일단 서울 상경 재도전과 여자 친구인 내 편지의 사연대로 인생 시나리오를 쓰고, 스무 살에 대형면허를 취득한 뒤 원하던 직업을 얻는 거였다. 결국 그렇게 딴 대형면

허로 덤프 사업도 크게 하고, 내 집도 마련했는데 지독한 IMF에 모든 그것이 무너졌다. 하지만 그 남자는 절망이 없는 게 희망이었다. 또다시 실직 상태였지만 두 아이의 학자금을 지원받을 수 있는 안정된 직장이 절실해 긴 기다림 끝에 서울에서 알아주는 고속버스 회사에 입사했다. 아빠의 고진감래로 대학을 졸업하고, 결혼도 한 아들딸이 무한한 행복을 가져다주는 날이 찾아왔지만, 그 남자는 지금도 변함없는 고속버스 기사이다.

그 남자는 날마다 출근길에 자신의 직업이 천직이라고 말한다. 제복을 입고 작은 일이지만 세상 사람들에게 도움이 되는 일을 할 수 있어서 감사하다고 맘에도 없는 소리를 한다. 그 일이 어찌 좋고 감사한 일이겠는가! 피하고 싶고 쉬고 싶은 맘이 진심인 것을 나도 아는데 말이다.

나는 그 남자의 인생을 안다. 출근길마다 목에 힘을 주고, 퇴근길에 번호 키 누르는 소리가 다급한 그 남자는 안간힘을 다해서 하루를 마지막처럼 살아내고 있다는 걸, 새벽에 현관에서 곱게 곱게 안전 운행을 빌고 현관문에 들어설 때까지 그 남자의 무사 귀환을 기도하는 나에게 '곧 죽어도 꽥'인 그 남자는 내 앞에서 잘난척하고, 나를 물고 늘어져 끝까지 이용하는 게 자기가 살아남은 비법이라고 크게 웃는다.

길들이기

　자연에 길들어진 사월의 나무들은 언제나 싱그럽다. 산과 들에는 갓 피어나 화려한 꽃나무 위로 살금살금 봄비가 내린다. 연분홍 꽃 이파리들이 비바람을 타고 까만 아스팔트에 후두두 떨어져 흩날린다. 시간이 흐르면서 미래를 꿈꾸었던 달콤한 말들은 모두 허사가 됐다. 누구보다 잘 살거라 장담했고, 결혼 서약에는 생이 끝나는 날까지 서로를 영원히 사랑하면서 살겠노라 했다.

　'삶이 우리를 속일지라도 슬퍼하거나 노여워 말라'고 했던 러시아의 시인 푸시킨의 말을 지침으로 슬퍼도 괴로워도 이해하고 아껴주자고 다짐도 했다. 그렇게 첫 마음을 변치 말자고 굳게 맹세했지만, 약속은 지키지 못했다.

　삶은 글이나 그림이 아니었다. 환경이 달라졌고 삶의 조건도 바뀌었다. 점차 살기 위해 타성에 길들어졌다. 행복은 우리들의 삶 속에 아주 잠깐 머무는 신기루처럼 손에 잡히지 않는 것이었다. 아픔과 상처는 늘 더디게 지나갔고 낙인으로 남기도 했다. 삶이 지치고 힘들게 할 때, 낙담하며 의욕을 잃었고, 삶을 위해 새로운 영역을 개척하거나 도전하지 않았다. 죽을 만큼 힘들고 지쳤다면서도 죽을 만큼 땀 흘리거나 몰입하지 않았다. 그저 무기력하게 지내면서 이미 길들어진 편안함을 좇아 소심한 일상을 보낼 뿐이었다. 때때로 세상과 적당히 타협했고, 양심을 찌르는 뻔뻔한 일상에도 익숙해졌다. 보다 나은 삶을 위해 자기 점검과 평가의 시간이 필요했다. 하지만 스스로 정한 적당함에 길들어져 앓아눕지 않을 정도로 비열함과 부정직함에 얽매여 살았다.

어느 순간부터 당당하지 못했고 행복하지 않았다. 삶은 뿌린 그대로 거두는 법, 후회가 밀려왔다. 지금부터라도 나답지 않게 잘못 길들어진 자신을 용서하고 싶어졌다. 서로가 원하지 않는 건 버리고, 원하는 대로 인정했다면 가정의 행복과 자신을 행복을 일찍 찾았을지도 모른다.

새로움을 길들이기 위해 반생 동안 길들여온 습성을 버렸다. 상대에게 젖어있는 타성을 버리기 위해 그가 자발적이기를 간절히 바랐다. 어린 왕자가 수많은 장미꽃 중, 자신이 사랑한 특별한 장미꽃에게 물을 주고, 사랑으로 보살피듯 이제는 자신만의 장미꽃을 가꾸고 사랑해야 했다. 하지만 그는 더디게 달라졌다. 오래도록 자신의 영혼에 길들어진 버려야 할 악습은

한 번에 버리지 못했다. 나쁜 걸 버려야 하는 과감함을 길들이지지 못했다. 나 역시 오랜 세월 뉘우치지 않은 편협함이나 독선을 버리지 못했다.

이십 년, 삼십 년, 나와 그를 엮어낸 본성을 숨기고 길이 난 대로 멋대로 살아온 걸 바꾸는데 오랜시간이 걸렸다. 진작부터 이해하고 역지사지했다면 좀 더 수월한 중년을 맞이했을지도 모른다. 나는 상대의 이기적인 습관과 고집에서 벗어나기 위해 분노를 잠재우는 법, 소리쳐 싸우지 않는 법, 감정을 조절하는 방법을 터득했다. 분노하지 않도록 평정심을 유지하기 위해 끊임없이 나를 길들였다. 듣고 싶은 소리를 들을 수 없고, 보고 싶은 것만 볼 수 없어 우울한 적이 많았지만 익숙해지고 안정이 되기까지 비워내고 버려야 바라는 대로 얻을 수 있다는 걸 깨달았다.

무엇이든 길들이기 나름인 것 같다. 원래 제 길이 나 있는 대로 자라지 않고 여기저기 길을 내면서 꽃을 피우고, 새로움을 만드는 게 신기했다. 제 자리가 아니더라도 개척해서 길이 생기면 주어진 대로, 살아있는 대로, 새롭게 갈 길을 열면, 원래 그랬던 것처럼 삶도 익숙하게 적응하면 되는 거였다. 하나이기를 약속한 나의 반쪽과 반쪽의 반쪽들을 사랑하면서 간절하게 행복을 기다리면 되는 거였다. 그렇게 하도록 자신을 결정지으면 되는 거였다. 잘 몰라서 잘못 길들여진 많은 일상의 구습들을 버려야 할 때 미련 없이 과거의 잘못들과 이별하는 결단도 중요했다. 처음의 길이 잘못 난 길이면, 이제 바르고 새로운 나만의 습관을 길들이면 되는 거였다.

이제는 평생 약속인 혼인 서약을 지켜야 할 것 같다. 그러지 못했던 부끄러움과 미안함을 가슴에 담고 자신이 옳다고 주장한 그 옳지 않음에 대해 깊이 반성하는 습관이 아주 조금씩 자신도 모르게 스며들길 바라고 있다.

날개야 날아라

　나에게 '이상'이란 작가는 그의 필명만큼이나 이상하고 독특한 작가로 남아있다. 유독 작가의 생애와 작품의 상관관계를 괴이하게 여겨서인지 작품에 표현된 사소한 문장도 매우 낯설게 다가왔다.

　소설 '날개'는 무척이나 충격적이었다. 식민지 시대를 배경으로 한 소설에서 주인공은 무기력하고 능력 없는 지식인 '나'로 등장한다. 그는 현실감 없는 자폐적이고 존재감 없는 지식인이다. '나'의 아내는 남편인 '나'를 옆 방에 두고 매춘을 이어간다. '나'는 아내의 부정을 뻔히 알지만 암묵적인 태도로 일관하다가 아내가 주는 돈을 그대로 받아 쓴다. 점차 뻔뻔하고 당당해진 '나'의 아내는 무능력한 남편을 버리고 가출한 뒤 돌아오지 않았다.
　소설은 그렇게 끝이 났다. '나'는 죽음의 날갯짓으로 막을 내렸다. 사회에 적응하지 못한 무능력한 지식인의 타락, 비상을 꿈꾸던 탈출을 향한 비상은 희망이 되지 못했다. '날개'는 서술자의 독백처럼 주술적 힘에 이끌리게 한다. '날자 날자꾸나.' 주문을 외우면 진짜 날개가 돋아 하늘로 날 것 같은 터무니 없는 공상에 빠지게 했다.

'날개'는 작가 내면의 세계가 투영된 어휘와 문장들로 가득하다. 읽다 보면 휘날리는 눈발처럼 감정이 사방으로 흩어지게 된다. 작품에서 '나'를 대변하듯 세상에 뒷걸음질 치던 짧았던 자신의 인생을 사실적으로 표현했다. 그렇다 해도 진정한 비상을 위한 도약은 슬프고 처절했다.

작가의 작품을 이해한다는 건 암호를 해독하는 일과 같다. '박제가 된 천재 작가'는 이상을 두고 한 말이다. 그의 신비스럽고 난해한 작품들이 세상에 알려졌을 때 독자는 작가가 펼쳐놓은 상상의 세계에 공감하기 어려웠다. '날개'는 작가의 짧고 피란한 일생을 사실적으로 드러냈다. 때론 너무나 세속적이고 파괴적인 삶의 표현에 놀라기도 했다. 내가 책을 읽는 동안 불길한 예감이 들었던 이유는 소설처럼 살다 간 그의 인생 때문이었다.

나는 '날개'라는 말을 정말 좋아했다. 다른 사람은 어떨지 몰라도 나에게 '날개'라는 단어는 무한대 이상의 가치가 있었다. 폐부에 깊숙이 꽂힌 벅차고 벅찬 단어가 확실했다. 어릴 때부터 간직한 환상이었지만 늘 가슴에 담아 놓은 큰 그림이었다.

언젠가는 창공으로 힘차게 날아오르는 꿈을 갖게 한 아름다운 말이었다. 말과 글은 문학의 씨앗이 되고 원천이 된다. 그리고 말과 글로 이루어진 문학 작품은 독서로 실현된다.

프랑스의 문학가 장 폴 사르트르는 문학은 독서의 행위이고 독서는 인도의 길이라고 밝혔다. 그렇다. 문학은 심상을 통해 이성을 깨닫고 정서를 어루만지는 일이다. 작가의 글을 통해 무디어진 감정을 살리는 위대한 작업지만 '날개'처럼 유명한 작가의 유명 작품이라도 모두에게 감동을 줄 수는 없다.

문학의 감상과 이해는 독자의 몫이기 때문이다. 나는 문학을 실행하지만 인도의 길로 나아가진 못했다. 문학이 갖고 있는 숨겨진 가치를 다양한 표현으로 승화하기 어려워서였다. 말과 글로 수행하는 문학의 세계는 좋은 독서를 통해서만 이루어지고, 작가의 내면에서 빚어져 상상과 여운으로 빛을 내기 때문이다.

이상의 '날개'는 문학의 길을 걷는 나에게 많은 반성과 배움의 기회를 안겨 주었다. 다시 한번 기회로 삼아 문학을 향한 나만의 날개를 그려본다. 정작은 글을 쓰는 작가라고 나설 때, 부끄럽지 않기를 바라는 마음이다. 나의 날개가 날아오르길 간절히 염원한다.

내가 꿈꾸는 세상

독일의 문학가 프리드리히 실러는 '당신이 젊은 시절에 꿈꾸었던 것에 충실하라'고 말한다. 다시 한번 천천히 삶의 희망이고 목표가 됐던 그 꿈을 떠올린다. 젊은 시절에 나는 어떤 꿈을 꾸었던가! 가물거리는 기억 속에 꿈들이 보인다. 빛나던 청춘 시절, 누군가 꿈에 대해 물었을 때, 서슴지 않고 나의 꿈은 글을 쓰는 작가라고 대답했다. 오랜 습작을 거쳐 생각이 같은 몇몇 친구들과 동인지 발간을 앞두고 있던 터라 꿈에 대해 솔직하게 말할 수 있었다.

사람들은 누구나 꿈을 꾼다. 미키 마우스로 유명한 미국의 만화가 월트 디즈니는 '꿈을 꿀 수 있다면 꿈을 실현할 수도 있다.'는 꿈의 현실 가능성을 이야기가 했다. 꿈을 갖는다는 건 이미 행복이 무엇인지 아는 삶이 된다. 나는 글을 쓰는 사람으로 살고 싶은 게 꿈이다. 세상에서 그 일을 가장 사랑한다고 말할 수 있다. 일찍부터 나만의 꿈이 있다는 사실은 자존감 있는 사람이 되게 했다.

꿈을 이루는 일이 현실적으로 쉽진 않지만, 포기하지 말라고 격려해 주거나 응원해 주는 일은 꿈을 향해 가는 모두에게 희망이 된다. 중학교 때 스치듯 발견한 언니의 습작 노트와 책상에 놓여 있던 '무화과'라는 동인지는 꿈을 갖는 동기가 됐고 꿈을 이루는 데 크게 공헌했다. 꿈을 간직하고 나만의 꿈을 향해 나갈 때, 새로운 지표가 되는 일은 정말 중요하다.

청춘 시절은 많은 글쓰기로 시간을 보냈다. 성급한 욕심으로 때마다 어쭙잖은 글을 쓴 뒤, 신문사에 보냈고 문턱 높다는 신춘 문예의 문 앞을 기웃거렸다. 신기하게도 해가 바뀌면 꿈은 더 또렷이 되살아났다. 여름에서 가을, 겨울까지 적지 않은 시간을 온갖 글로 끄적이며 허비했다. 약수동 골방에서 맑고 순수했던 영혼을 야금야금 팔아먹고 밤마다 원고지를 쥐어뜯으며 괴로워했다.

그러다 신문에 발표된 당선자들의 명단과 당선 소감이 실리면 마치 내가 당선된 것처럼 몇 번씩 읽고 또 읽었다. 부끄럽게도 실력이 없다는 걸 인정하지 않았다. 대신 가슴속부터 차오르는 깊은 부러움과 시기심을 숨기지 못했다. 아마 꿈이라고 착각했던 오기를 오래도록 집착했다는 걸 고백하기 싫었던 모양이다.

한때는 꿈이 손에 잡힐 듯 가깝게 희망이 보였다. 하지만 체계적인 준비 없이 열정과 고집만으로는 좋은 작품을 써서 당선되고 그 계기로 직업적 성공을 거두는 건 신기루 같은 환상을 좇는 것과 같았다. 실력은 없고 욕심은 늘 앞섰다. 너무 어려운 일이었다. 꿈을 향한 집착도 오래갔다. 이삼일에 한 편씩 글을 쓰기도 했다. 잘 쓰고 못 쓰고는 따지지 않았다. 울렁거리는 머릿속과 파도치는 마음속 심연을 그냥 옮겼다. 글을 쓰면서 이상과 현실의 괴리를 표현했고, 삶과 죽음의 의미도 써 내려 갔다. 평범한 주부였지만 결혼 생활이 더없이 좋고 언제나 행복하단 거짓은 쓸 수 없었다.

기혼이라면 누구라도 한 번쯤은 가슴이 쿵쾅거리고 머리가 깨질 듯한 편두통을 경험했으리라 짐작하면서 결혼의 실화를 쓰기도 했다. 삶이 거센 폭풍에 휩싸일 때는 어쩔 줄 몰라하며 글쓰기를 멈추어야 했다. 그러다 울고 지내는 일이 잦아지면 또 쓰지 않았다.

글쓰기는 힘을 잃고 점점 초라해졌다. 나는 잠시 꿈을 잊기로 했다. 꿈보다 현실이 앞섰다. 현실에 맞서 사생결단 억척으로 사는 게 옳다고 판단됐다. 삶이 치열할수록 청춘을 벅차게 했던 희망들은 길을 잃었다. 슬픈 현실이었다. 지금의 모습이 진정으로 원한 삶이 아니라는 사실이 분명했다. 그럴수록 버려둔 꿈들이 그리워졌다. 그제야 심장을 요동치던 꿈의 조각들이 또렷이 보였다.

젊은 날 문학도를 꿈꾸었던 열정이 가슴을 끓게 했다. 나의 염원은 그 길을 걷도록 이끌었다. 누가 뭐래도 접어 둔 꿈을 찾겠다는 결심은 흔들리지 않았다. 꿈을 찾아 길을 나설 때, 누군가가 먹고 살기도 힘든데 글은 써서 무얼 할 거냐고 말리지 않았던 것만으로도 무척 고마운 일이었다. 문학으로 직업을 갖겠다는 무모한 생각보다는 글쓰기를 즐기고 가꾸는, 전에 없던 다른 느낌의 설렘이 생겨났다. 바라던 꿈으로 평생을 즐겁고 행복하게 살 수만 있다면 얼만큼의 시련이나 고통은 견딜 수 있는 기꺼움이었다.

사람들은 '꿈은 이루어진다.'라는 희망의 말에서 진실의 오류는 발견하지 못한다. 꿈을 이루는 일은 꿈만 꾼다고 되지 않는다. 꿈에 대한 번지르르함과 화려한 기대를 버려야 하고 헛된 야망이 가득했던 과거를 반성해야 하는 일이다. 꿈을 지키고 이루기 위한 계획은 중요하지 않았다. 그것보다는 꿈을 향한 방향을 잡고 제대로 실행하는 것이 중요했다. 내가 그걸 깨닫는데 반생을 보낸 셈이다.

나는 이제야 꿈의 실체가 만져진다. 무언가를 이루고 성취감에 젖는 황홀하고 뿌듯한 만족이 아니다. 나를 궁금해하는 수많은 얼굴들의 하루가 무사하고, 내 목소리를 듣고 싶어 하는 사람들에게 다정한 이야기를 들려주는 일들이 바로 꿈이 되는 거였다. 그대를 위해 자신의 모든 걸 내 줄 수 있고, 그런 대상과 일상의 호흡을 나누며 살아간다는 사실만으로도 꿈은 이루어진 거였다.

눈을 맞추고 다시 뜨겁게 사랑하기를 원하면서 막연한 오늘의 무사함을 꿈꿔 본다.

바다와 첫사랑

    나의 첫사랑은 남들보다 일찍 찾아왔다. 채 스무 살도 되지 않은 여고 2학년 여름방학 이었다. 지금처럼, 상상 불가의 냉혹함을 가슴에 달고 사는 것이 사랑일 거라고는 감히 짐작하지 못했던 때였다. 난생처음 맞이한 새롭고 낯선 감정들이 성급하게 밀려왔다. 마구 가슴이 뛰고 설렜다.

    그 전 까지는 특별히 방학이라고 해도 서울을 벗어난 적은 없었다. 엄마가 그해 유독 외가가 있는 바닷가로 날 보내려 한 건 그럴만한 이유가 있었다. 바다에 남편을 빼앗겨 혼자가 된 외사촌 언니가 우리 집에 머물고 있었는데, 해산이 임박해서였다. 임산부 혼자서는 먼 길이 불안하다며 날 딸려 보낸 거였다.

    밤 기차는 어딘가로 떠난다는 설렘과 미지의 세계에 대한 동경으로 신비한 감정을 갖게 했다. 막연하지만 부드럽고 정겨워지는 기분이었다. 청량리역에서 밤 기차를 타고 내내 달려갔다. 나는 처음으로 마주 할 바다를 상상하며 들떴다. 밤을 세워 강릉까지갔고 거기서 속초까지, 다시 시내버스로 청간리 바다까지 가는 거였다. 그렇게 하룻밤을 보내는 긴 여정에도 두근대는 마음은 가라앉질 않았다.

외삼촌댁은 푸른 바닷가와 어울리는 그림 같은 풍경 속에 있었다. 일사 후퇴 때 흥남에서 피난 온 외삼촌은 고성 청간정 근동에 정착했다. 수소문 끝에 서울 살던 엄마와 이산가족 상봉이 됐고, 그 덕에 난 이전에 없던 외가가 생겨 난 거였다. 그렇게 해서 처음 그를 만났다. 비에 씻긴 청량한 가을하늘처럼 내게 다가온 그는 분명 백마 탄 왕자였다. 처음 맞이한 동해는 푸르고 투명했다. 모래밭에 줄줄이 묶어 논 거룻배들 위로 우수수 밤별들이 쏟아져 내렸다. 김정호의 '외기러기' 노래가 그의 기타 선율로 퍼져 나가 여름 바다는 정말 형언할 수 없는 황홀한 분위기였다.

바다에서 시작된 사랑은 비누방울처럼 맑게 피어올랐다. 우리는 눈만 뜨면 해변으로, 작은 섬으로 날마다 쏘다녔다. 점차 가까워지고 막역해졌다. 덩달아 여름방학은 짧아졌다. 난 개학이 되어 서울로 돌아가야 했고 그는 거기 바닷가에 남아 함께 했던 추억을 간직하는 걸로 끝이었다. 내가 서울로 떠난 후 일상으로 돌아간 그는 홀어머니와 어린 동생의 보호자로 힘겹게 살아가고 있다는 사실을 한참 뒤에야 듣게 됐다. 마음이 무거웠다. 하마터면 서울 우리 집에서 같이 지내자고 할 뻔 했다.

나는 그를 위해 무엇이든 해 주고 싶었지만 서울 주소를 들고 가끔씩 찾아 온 그에게 친구로 대해 준 게 전부였다.

열여덟 첫사랑은 십 년을 흘러 스물일곱에서야 이루어졌다. 특별한 프로포즈도 없이 수수하고 조촐한 결혼식이었다. 한글날에 식을 올렸는데 시월, 말갛던 가을 하늘에 때아닌 진눈깨비가 날렸다. 첫사랑의 달콤한 여운은 짧았다. 철없이 선택한 나의 사랑님 때문에 평생을 심한 몸살과 가슴앓이를 겪으며 살았다. 그 사랑을 번복하거나 도망칠 수 없어 사는 내내 버겁고 힘겨웠다. 서로를 내세우고 억지를 부려가며 원수처럼 깊고 아픈 가시가 되기도 했다.

어찌보면 첫사랑 서울내기 여학생 때문에 고향도 등지고 빡빡한 서울살이도 참아야 했던 그는 서슴없이 선택한 열 여덟의 어설픈 사랑을 원망했을지도 모른다. 사랑의 이름으로 맺어진 언약들, 서로에 대한 묵인된 책임들이 조건 없는 희생과 용서를 바라는 만큼 힘이 빠지고 지쳐갔다. 알알이 틀어박혀 있는 서로에 대한 감정들을 다 빼내어 남남처럼 살고 싶기도 했다. 외롭고 슬펐던 때, 각자가 자신의 상처를 끌어 안고 부대끼며 살아갈 때, 그럴때마다 위기와 고비를 넘기도록 붙잡아 준 건 첫사랑의 추억이었다. 첫사랑은 그런거였다.

사랑은 사랑이기 때문에 그토록 아름다웠고 찬란했나 보다.

아주 오래 전, 바다의 추억을 간직한 열 여덟의 소녀는 그 소년의 아내로 살고 있다. 유리알처럼 반짝거리는 추억을 닦으며 또 다른 추억의 편린을 찾아 반 백년을 함께 걸어가고 있다. 지상의 천국 가정이라는 아늑한 우리의 뜨락에서 공동의 책임으로 우리 아이들의 아이들이 자라나는 희망을 보며 인생 최대의 행복 속에 빠져있다.

우리는 가끔씩 처음 만났던 바닷가로 차를 몰아가기도 한다. 특별한 계획은 없다. 무언의 눈빛으로 미시령을 넘어 청간정에 차를 세운다. 그리고 휘적휘적 여름 바다를 걷는다. 말하지 않아도 밤바다와 모래톱을 떠올리고, 파도와 뱃머리의 노래 소리를 떠올린다. 그렇게 막연한 첫사랑의 추억을 끌어안고, 변해버린 그 옛날의 맑은 영혼들을 그리워하며 처음의 그 바다를 거닐어 본다.

섬, 자유로운 공간

오래전, 작은 섬으로 여행을 간 적이 있다. 섬이란 곳이 한적하고 호젓해 여행지로는 제격이었다. 스물하고도 다섯, 혼자의 독립된 공간과 시간을 찾아 이리저리 돌아다닐 때였다. 나는 그때 도심에서 멀찌감치 떨어진 조용한 곳으로 숨고 싶었다. 무인도 같은 곳이 필요했다. 당진 쪽 섬마을은 그런 곳이었다. 바닷새들도 모래사장도 잠 속에 빠진 듯 잠잠하고 조용했다. 혼자서 하는 여행은 어떨지, 친구들보다 하루 일찍 떠나왔지만 곧 후회됐다. 옅은 해무리가 서쪽 하늘마저 어둡게 물들였을 때, 선착장엔 검은 물결만 출렁대며 을씨년스러웠다. 섬 안에 또 다른 섬이 되는 건 어렵지 않았다.

섬에서 뭍을 바라보면 오히려 뭍이 섬이 된다. 낱낱이 해체되어 살아가는 수천 개의 외로운 사람들의 섬에서 바둥대는 게 분명했다. 잃어버린 자신을 찾는다면서 선뜻 배를 탔던 건데 오도카니 남아 뒤돌아보는 신세가 됐다. 홀로 섬을 찾아 머무른

건 고독한 자신과 마주하는 일이었다. 너무나 고요히 잠든 무동력의 시간이 하나둘 쌓여갔다. 우주의 규칙과 자연의 순리를 따를 뿐 아무 일도 할 수 없었다. 민박집에서 뒤척이다 깨어보니 어느새 방 안 가득 새벽빛이 퍼져 왔다. 금빛을 안은 바다는 싱싱함으로 풍요로웠다.

섬에 사는 사람들은 서두르지 않았다. 인위적으로 무언가를 얻기보다는 신의 섭리대로 자연이 제공하는 산물을 숭고하게 받아 드리고 있었다. 섬에 물이 들어차면 그물을 채고 고기를 낚아 올렸다. 썰물 때는 굴과 쏙붙이를 캤다. 그리고 바다로 빠져 나갔던 물이 다시 밀려들 때까지 기다림의 시간을 지켰다.

찬란한 햇빛에 그대로 노출된 섬의 자연스러운 자태가 몹시도 곱다. 섬에 사는 사람들은 자연의 이치에 합당하도록 바다에 대한 예의를 갖추었다. 모든 것을 다시 자연으로 되돌리며 무소유의 일상을 반복한다. 섬은 그렇게 도시가 갖고 있지 않은 정직함으로 당당했다. 무심함 속에는 따뜻한 배려가 있었다. 자유로움 속에는 질서가 정연했다.

섬으로의 여행은 묵은 잡념을 버리는 일이었다. 새로운 계획과 희망을 찾는 과정이었다. 혼란을 정돈하고 계획을 세우려 머물던 곳에서 떠나왔지만 말끔하게 정리될 수 없는 일, 공연한 짓거리가 됐다. 자신이 주저하는 것, 도피하려는 비겁한 행동 자체가 외로운 섬이었다. 섬의 진실을 마주하고서야 뒤죽박죽

혼재된 자신의 실체를 들여다본다. 나의 일거수일투족에 관심을 표했던 소소한 잔소리가 그리워졌다. 우리의 삶은 어떤 상황에서도 섬처럼 달관할 수 없고, 초연할 수 없는 거였다.

고집을 비워내고 아집의 섬에서 스스로 벗어나야지만 끝이 난다는 걸 알았다. 자질구레한 잡념들이 전부 날아가도록 자기반성의 시간이 필요한 거였다.

친구들이 올 때까지 단 하룻밤의 시간이었지만 더 이상 고립된 섬이 되기는 싫었다. 섬은 사람들이 지나간 바닷길을 기억하지 않았다. 무시로 배가 들고 나가도 금시 흔적도 없다. 수면 위는 늘 평화롭다. 상처도 아픔도 그림자도 남겨놓지 않는다. 누가 다녀갔는지 어디로 사라졌는지 흔적도 없다.

섬은 하늘을 우러르고 자연에 귀의하는 신성한 구역이다. 어디로도 달아날 수 없는 수형의 공간이다. 그러나 마음만 먹으면 어디로든 날아갈 수 있는 자유의 공간이 아니던가! 모순된 역설의 구조이다. 사방에 문이 열려 있는 섬, 그 문으로 자신을 해방하라고 외쳐 본다. 섬은 무소유로 연결 고리가 없다. 확실하게 독립된 공간이다. 드넓은 바다를 깔고 앉은 채 침묵 속에 떠 있다. 의연한 자태로 누구든 오려면 오고 가려면 가라 한다. 다분히 관조적이다. 이제껏 가슴 아픈 일들은 모른척한다. 외롭고 쓸쓸한 속내를 보이지 않는다. 오히려 자신의 빈틈을 채우려 밤새 밀물을 불러내고 쉴 새 없이 너울거린다.

섬에 가 봐야 섬을 안다고 한다. 사람 사이에 놓여있는 섬은 자신이 만들고 자신이 거두어 들인다. 모든 걸 비워내고 새로움을 채울 줄 기대했지만 섬은 말없이 마음을 재우고 모든 걸 지우라고 충고한다.

바다가 잠들면서 섬도 잠들었다. 사방이 잠잠해진 다음 부끄럽게도 나는 나밖에 모르는 독단 때문에 고독했다는 걸 뒤늦게 알았다. 적막한 고립은 정작 나 자신이었다.

가끔은 섬처럼 살고자 한다. 조용히 원시의 모습을 간직한 그대로의 섬에 머무르고자 한다. 결코 섬의 완전체는 될 수 없겠지만, 섬처럼 자유롭고 이타적인 삶, 나는 없고 너만 있는 삶을 살아보자고 다짐해 본다.

외로움 바이러스

외롭다는 것은 부족함의 결정체다. 같이 있어야 할 누군가와의 시간이 부족했고, 만남에 대한 열정이 식어 마음이 비어버린 허전함의 일이다. 외롭다는 것은 그저 그런 여럿에서 독불장군처럼 세상의 말 듣지 않아 홀로 소외당하는 일이다. 그러고보면 다소곳하지 못한 채 자기주장만 세우는 아량 없는 자들과 다름을 인정하지 않는 사람들은 모두 외로운 사람이 됐다. 진실의 눈을 감은 채 마음의 깊은 소리를 듣지 못하는 사람들은 주변이 적막하고 고독해진다. 참으로 외롭다.

내가 외로움에 감염된 건 아주 오래전이다. 그냥 넘어가면 될 일들도 내 생각과 다르다고 남의 탓을 먼저 했다. 누군가 날 위한 충고와 위로의 말을 전해도 받아들이지 못했다. 맘에 없는 말 한다고, 싸잡아 위선과 가식이라고 정색하며 몰아갔다. 그대로 공감하거나 침묵할 때 침묵하지 않았고, 늘 불만이 많았다. 공연한 트집으로 얼토당토 않다며 멋대로 대화의 수식을 풀어

나갔다. 그건 당신들보다 내가 낫다는 자만심에서 비롯된 오만함이었다. 뒤늦은 후회에 고개가 숙여졌다. 이런 이유로 점점 주변이 물리어 갔다. 홀로 걷고 홀로 사색하는 시간이 많아졌다. 서서히 외로움이 스몄다.

오래도록 외로움과 싸웠다. 마음이 내키지 않으면 상대가 누구라도 더 이상 듣기를 거부했다. 주변과의 협업은 없었다. 나만 옳았다고 우기며 스스로를 외로움에 가두었다. 외로움은 마음의 병이었다. 만남을 두려워했고 시선을 피했다. 중요한 대화를 이어가지 못했다. 급기야 단절의 단절을 거듭하면서 볼 수 없는 저들의 안부가 궁금해지는 지경까지 이르렀다. 지독한 외로움 병에 걸려 들었다. 자신을 사랑하는 방법과 자신을 믿는 용기를 잃어버리면 나타나는 증상이었다.

1967년 발표된 이청준의 소설 「별을 보여 드립니다」에서도 외로움 병의 증상이 나타난다. S대 천문 기상학과를 졸업하고 영국으로 유학했다가 돌아온 주인공은 고약한 습벽 때문에 친구에게조차 인정받지 못한다. 외로움 병이었다. 거짓된 말과 행동, 도벽으로 소외당하며 살게 됐다. 홀로 쓸쓸히 사는 덧없는 인생으로 등장한 이 인물 역시 삶의 태도가 불손하기 그지없다. 제 잘난 맛으로 저밖에 모르다가 철저히 고립됐다. 외로움 병은 그런 거였다. '그' 역시 타협하지 않는 현실에서 다른 세계를 이해하지 못했다. 결국은 분신처럼 아끼던 소중한 천체

망원경에 대한 집착을 버리고 강물에 내 던짐으로써 고독과 외로움의 종지부를 찍게 된다.

'별'을 보는 일이 혼자만의 일이라고 했던 그는 빈 하숙방에 홀로 남겨져 사회와 권력으로부터 격리당한다. 집단에서 소외당하는 것이 자신이 만들어 논 고약한 습관이란 걸 인정하지 않았다.

'그'를 바라보는 관찰자 시점의 '나'조차도 세상과 소통되지 않는 '그'에게 사회 부적응자란 딱지를 붙였다. 타인과 교류하거나 왕래하지 않았다. 사람들도 따로 쓸쓸히 유배되고 낙오된 '그'를 품어 주지는 않았다. 애초부터 떠돌이나 외톨박이는 없다. 외로움은 스물스물 거리며 빗소리에서 피어나 아른아른 옛 추억과 내면의 기억으로 옮겨진다. 보이지 않는 바이러스였다.

나는 심연 그곳 깊숙한 곳에 오들오들 떨고 있는 슬픔을 보았다. 이제 더는 쓸쓸함이나 외로움이 스며들지 않기를 바라는 마음뿐이었다.

'인간은 사회적 동물이다.'라는 고대 철학자의 말이 아니더라도 이 세상을 혼자 살아갈 수는 없는 거였다. 몇 사람만 모여도 특별한 동아리가 되고 특수한 집단이 되는 세상이다. 모임에 나가면 정해진 주제에 따라 나름의 고민과 난감함을 서로 이야기한다. 때로는 다수의 반응과 의견을 참고하려고 어려운 고민을 토로하기도 한다. 그런데 나는 그들에게 좋은 해답을 말하지 못했다. 주변의 아픔과 상처를 어루만지지 못했던 적도 많았다. 항상 내가 먼저라고 여겨서였다.

　마음의 병이 자릴 잡으면 다른 사람은 눈에 들어오지 않는다. 바로 '하나가 된 그러함' 지독한 외로움 바이러스 때문이었다. 외로움은 이렇게 나 외의 모든 것에 대한 수용의 부족이었다. 타인에 대한 포용력의 부족이고 기다려주는 인내심의 부족에서 외로움은 시작된 거였다.

　나는 이제, 자꾸만 슬퍼지는 극심한 외로움으로 몸살을 앓게 되면 어쩌나 더 이상 반대편에서 말하지 않으려 한다. 시시비비 따져서 톡톡거리며 주변을 물리고 내치지 않으려고 한다. 나는 지금 감기보다 무섭고 떨리는 '외로움' 병이 재발 될까 봐 심히 걱정되기 때문이다.

인간 중독

보고 싶은 사람을 만나러 밤길을 달려가고 눈 내린 바다를 찾던 시절이 있었다. 용기가 가상했던 그런 시간은 아직도 가슴한켠에 고스란히 남아있다. 고성 청간리 외가에서 시작된 첫사랑은 무려 십 년 동안 이어지다가 결국 마지막 사랑이란 이름으로 지금껏 남게 됐다. 사람이 좋아서 사람에게 빠져드는 건 나이나 시간의 문제가 아니다. 짧은 여름방학 동안 날마다 만나서 놀았어도 헤어지기 싫었던 그와 나는 열일곱, 열여덟이었다.

바다가 처음이었던 나는 해변에서 작은섬으로 뗏마를 저어가는 그의 솜씨에 놀라웠고, 해질녘 뱃머리에 앉아 기타를 치며 김정호의 하얀 나비를 멋들어지게 부르는 목소리에도 황홀해 했다. 바닷가에서 처음 만난 그는 오래된 친구처럼 다정다감했다. 나는 서서히 그에게 빠져들었고, 그를 향한 연민과 사랑은 멈추기 어려운 중독처럼 열병을 앓게 했다. 그사람의 몸짓 하나, 눈빛 하나까지 서서히 습자지처럼 스며갔다.

외가가 있던 청간리 해변은 그때만 해도 군사지역이었다. 태양이 사그라들면 군인들의 경비가 더욱 삼엄해졌다. 해안선을 따라 굵은 철조망과 철책이 음산하게 처져있고, 바다는 늘 침묵속에 망망하기만 했다. 그렇게 외진 바닷가 마을은 내가 살던 서울 번화가와는 크게 비교됐다. 문명의 이기가 전혀 없던 그 곳, 오히려 북쪽 땅이 더 가까웠던 곳이라 문화적 혜택은 전무했다. 그러기에 그곳에서 어떻게 수준급의 기타 실력을 갖췄을지 매우 의아했다. 방학이 끝나고 서울로 돌아와서도 한동안 그의 매력에 빠져 있었다. 기회만 되면 바닷가로 달려갈 마음이 앞서기도 했다.

무언가 참지 못하고 지속적으로 원하는 것을 찾는 행위, 그 것만을 집요하게 생각하는 일이 중독이라면 그사람을 그리워하고 사랑하는 마음을 멈출 수 없던 나는 분명 중독이었다. 중독이란 통속적으로 인식하고 있는 몇 가지가 아니었다. 마약이나 알코올보다 니코틴이나 카지노, 게임중독보다 사람에 대한 중독은 더 심한 거였다. 서로가 너무 멀리 있어서 일 년에 한두 번씩 겨우 만났다가 헤어졌다.

그러는 동안 정처 없이 시간은 흘렀다. 짧은 만남 뒤엔 늘 긴 기다림이 기다렸고, 먼 곳에서 서로를 그리며 늘 안타까워했다. 난 밤마다 그 사람에게 편지를 써서 부쳤다. 계절에 따라 공기가 바뀐 이야기며 친구들 결혼 이야기, 영화 이야기, 새로 알게 된 팝송 이야기까지 시시콜콜 다 적어서 보냈다. 새벽까지 잠들지 못하고 글을 써 놓고 아침에 읽어보면 유치하고 멋쩍어 찢어 버린 적도 많았다. 유난히 그리운 날에는 낮에도 쓰고, 한밤중에도 써서 서너 통의 편지를 한꺼번에 우체통에 던져 넣기도 했다. 그러고는 날마다 답장을 기다리느라 대문에 달린 녹슨 우편함을 수십 번씩 열어 보았다.

　난생처음 바다를 보았던 날, 바다에 살던 그 사람도 처음 만났다. 장래성이나 가정환경이나 그 무엇도 상관하지 않았다. 설령 나의 무모함과 고집스러움이 고통과 눈물의 무덤이 될지라도 오로지 그 사람만 관심이었다. 외눈박이 물고기처럼 한 곳만 바라보면서 한 번이 좋아서 두 번이 되는 반복의 재미를 찾고 발견했다. 결국 사랑이란 숨을 죽이며 조바심을 참는 일이었다. 그가 없으면 살 이유가 없을 만큼 절대적이었던 시간만 존재했다. 다른 걸 생각하지 못하는 중독이었다. 인간 중독, 지독한 사랑의 중독증을 앓았던 시간이 수없이 흘렀다.

　푸른 바다는 그 사람이었다. 바다를 향해 물끄러미 앉아 있던 그 모습에서 숨어있는 나를 발견한 것도, 그 사람을 향한 발걸음을 멈추지 못했던 것도 끊임없이 솟아나는 사람에 대한 애정 때문이었다.
　살아가면서 멈추어야 할 때를 놓쳐버린 일에 대해 가끔은 후회할 때도 있다. 한편으론 더 이상 불행하지 않아서 다행이란 위안도 한다. 어쩜 그 덕에 옛날보다 내가 사랑해 줄 사람들이

몇 배로, 몇 갑절로 늘어났는지도 모른다. 그 덕에 그 사람을
향해 멈추지 못한 사랑의 질주는 오히려 아름다운 마무리가
됐다. 그 사람만을 생각하며 한세월 중독자로 살았던 세월에
감사할 뿐이다.

인생이 블루스다

푸른 섬 제주를 배경으로 한 드라마 '우리들의 블루스'가 인기 중에 종영됐다. 처음엔 별 기대 없이 봤는데 회차가 더 할수록 점점 빠져들었다. 배역에 따른 출연진을 보고도 적잖이 놀랐다. 더욱이 연기파 배우들의 개성 강한 최고의 연기력에 가슴 떨리는 감동을 받았다.

시나리오는 제주도에서 나고 자란 동창생들의 우여곡절 인생을 그림처럼 펼쳐 놓았다. 뭍에서 바다로 살러 온 해녀와 제주를 지키는 선장과의 잔잔한 러브 스토리는 더욱 눈길을 끌었다. 한편, 중년으로 접어든 남녀의 짧은 사랑과 아스라한 이별 이야기가 대단히 흥미롭다. 인생의 꿈과 좌절, 삶의 애환이 공감을 불러 온다. 드라마는 편마다 소주제를 정해 옴니버스 형식으로 전개됐다. 아슬아슬하게 끝나는 장면은 자연스럽게 다음 편을 기대하게 했다.

바다의 인생은 파란이다. 역동의 뒤안길에서 몰아치는 회오리 바람이다. 굴곡진 인생들이 제주의 부둣가와 장터에서 부대끼며 악다구니를 쓴다. 가난때문에 재가를 선택한 엄마는 평생 아들에게 미안해 한다. 엄마에게 애증만 남은 아들의 갈등은 오장을 훑어낸다. 지지고 볶는 게 인생이다.

굳이 제주라는 곳이 아니어도 모두 고달픈 시절을 겪어 낸 시간이었다. 소용돌이치는 인생의 치열함 뒤에는 고통을 겪은 아픔들이 스며있다. 상대적 박탈감, 혼자만 성공하지 못한 인생처럼 불행해하는 열등감에 어리석은 후회가 이어진다. 작아지는 자신을 외면한 건 꿈대로 살아갈 수 없는 당시의 현실 때문이었다. 그런 날은 가슴 깊이 숨겨진 그리움과 허무함이 밀려들었다. 우울하다 못해 침울한 분위기, 어딘가 허전하고 허무해서 정말이지 꽤나 블루스하다.

주위에 평범하게 사는 사람은 하나도 없다. 인생이야말로 멋진 드라마 한편처럼 지지고 볶는다. 말 그대로 난리 블루스다.

드라마를 보면서 중학교 때 시골에 살던 동창 녀석이 문득 보고 싶어졌다. 제 꿈대로 고향에서 농사짓고 마누라랑 알콩달콩 살았다고 들었다. 그런데 몇 해 전 불행이 닥쳤다. 추수한 볏가마를 싣고 정미소에 벼 찧으러 갔다가 지게차에 치인 사고가 났다. "우리 마누라가 정미소에서 지게차 사고 났다. 먼저 하늘나라 갔어."

전화로 그렇게 울먹거리더니 한동안 술독에 빠져 살았던 모양이다. 한잔 취하면 맥없이 전화를 걸어 농사가 잘됐다며 감자를 보내 줄까, 쌀을 보낼까 주절거렸다. 그러더니 얼마 못 버텼다.

날마다 제 마누라 보고 싶다고 괴로워하더니 훌쩍 하늘로 따라가 버렸다. 녀석, 술독보다 그래도 마누라가 더 좋았나 보다.

블루스는 인생의 허무함을 머금고 주변을 감돈다. 눈물이 흐를 것 같은 슬픈 음악이 깔리면 잠시 목이 잠기고 울컥해진다. 드라마 주제가를 부르는 여자가수도 너무나 처연하게 노래를 부른다. 잔잔하게 스며들어 심금을 울린다.

『오늘은 생일이었어. 지나고 나니 나이를 먹는다는 건 나쁜 것만은 아니야. 세월의 멋은 흉내낼 수 없잖아. 비오는 저녁 카페에 있었다. 아름다운 것도 즐겁다는 것도 모두 다 욕심일 뿐, 다만 혼자서 살아가는 게 두려워서 하는 예기, 얼음에 채워진 꿈들이 서서히 녹아가고 있는 혀끝을 감도는 Whisky on the rock』

인생의 황혼기는 이런 블루스 음악과 잘 어울린다. 느릿느릿 퍼져가다 몇 마디가 반복음으로 뇌에 주입이 된다. 그러다가 격정적으로 몰아치는 속도감이 긴장을 부른다. 서서히 나도 모르게 빠져든다. 기쁨보다 우울감이 더해지는 초로의 나이를 가졌다. 먹은 나이가 대단할 건 없어도 흉잡힐 일은 아니다. 황혼의 인생들과 걸맞게 드라마의 주제가는 멈추지 않고 귀에 감돌았다. 드라마는 갈등 구조로 위기감이 고조되었다가 고비를 넘긴다.

세월이 흘러야 약이 되는 게 진실이었다. 인물 간의 엉켜있던 오해가 풀렸고, 용서와 화해가 이어졌다. 주연급들의 내면 심리를 묘사한 부분에 시선이 집중됐다. 김혜자, 고두심, 이병헌의 열연은 또 한번 빛을 발했다. 가장 서민적이고 가장 인간적인 감동을 느꼈다. 배우의 연기력도 작품 속의 인물들도 고진감래의 삶을 겪었다. 모두에게 환호와 갈채를 담아 뜨거운 응원을 보냈다.

이제, 무엇을 새롭게 해도 즐겁고 설레는 기분은 덜하다. 저절로 생겨난 얼굴의 주름처럼 주눅도 늘어간다. 주책도 늘어간다. 곱씹을수록 옛 추억이 그립다. 젊은 날의 여행이 즐겁고 추억도 아름답다. 카메라에 찍혔던 사진들도 지금보다 훨씬 싱그럽고 탄력이 있다.

어제보다 하루 전날이 좋다. 그 전날, 그 전전날의 전날들이 좋다. 삼십년지기 친구가 '우리들의 블루스' OST 전곡을 USB에 넣어 선물해 줬다. 여기저기 운전할 때 지루하지 않게 듣고 다니라고 마음을 썼다. 드라마의 장면들이 땀땀이 스쳐서 지나간다. 울컥 내 인생이 슬프다. 안산을 향해서 가든, 수원으로 가든, 블루스를 듣는다. 소양강 댐 카페를 찾아 오르는 길에도 음악을 듣는다. 블루스를 듣는다. 황혼의 블루스다.

3부

봄시내를 건너며

사랑, 2025
그림 | 김미숙 작가

몇 안 되는 좋은 사람

사나흘 시원스럽게 억수비가 쏟아지더니 청명한 하늘빛이 여름 더위를 잊게 한다. 쉼 없이 흐르는 시간은 가을 햇살로 눈부시고 베란다 유리창엔 그리움이 지나간다. 방금 세수를 마친 아이처럼 해맑은 얼굴들이 스쳐 지나고 부르기 좋은 이름들과 잊지 못할 추억들도 하나씩 떠오른다. 밤사이 세상은 또한번 시끄러웠나 보다. 아침뉴스엔 삶의 기력을 떨어뜨리는 온갖 사건 사고가 쏟아지고 있다. 화면에 비친 범죄자의 얼굴은 뻔뻔스럽다 못해 징그럽다. 더 이상 사람이 아니다. 여인도 아니고 엄마도, 두 남자의 아내도 아니다. 냉혈동물의 눈으로 자신이 저지른 최악에 죄책감도 모르는 금수의 모습이다.

다른 채널에서는 우리나라 최고의 권력과 실력으로 뭉쳐진 이기적인 집단이 정적이 돼 버린 집단을 도마 위에 올려놓고 정쟁을 벌이고 있다. 고함과 삿대질로 서로를 끌어 내리려 한다.
자기들은 모두 옳고, 상대편은 더없이 추악하다며 서로를 헐

뜯고 있다. 아무래도 하루 이틀에 끝날 싸움은 아닌 것 같다. 저렇게 목청을 높이는 사람들 대부분은 우리나라 학계에선 내로라하는 스카이 출신들인데 아무래도 지성인은 아닌 것 같다.

갑자기, 최고의 지성과 고고함을 상징하는 상아탑이란 말이 떠오른다. 오로지 학문과 예술을 연구하는 대학이 세속적이지 않았음을 비유한 말인데 지금은 지성과 인격보다는 명예와 권력이 우선이 된 듯하다. 덕망 있는 학자들은 드물고 세상을 휘어잡을 배경 좋은 인물들만 넘쳐난다.

어쩜 세상에 좋은 사람은 처음부터 없었는지도 모른다. '좋은 사람이 되겠습니다. 앞으로 어려운 이웃을 돕는 사회의 일꾼이 되겠습니다.' 그렇게 인품 넉넉한 사람이 되어 좋은 세상 만들겠다고 공언했는데 순수했던 첫 마음은 잃어버린 것 같다. 사명감도 없고 소신도 없이 엉망진창 일그러져 있다. 민중을 사랑하고 진정으로 사회약자를 위해 사리사욕을 버릴 훌륭한 목민관은 이 세상에 존재하지 않는지도 모른다.

얼마 전, 공영 방송에 의로운 시민이 소개됐다. 길가에 쓰러진 사람에게 선뜻 다가가 망설임 없이 심폐소생술로 귀한 생명을 구한 의인의 이야기였다. 위급한 상황에서 환자를 살려 놓고 조용히 그곳을 떠난 그 사람은 대가 없이 마음이 가는 대로 우선 사람의 생명부터 살려 놓은 의로운 사람이었다.

다큐멘터리 영화 한 편에서도 좋은 사람을 만날 수 있다. 영국

아카데미 영화상과 작품상을 수상한 '나, 다니엘 블레이크'는 가난한 이웃이 좀 더 가난한 이웃을 돕는 인간미 넘치는 진한 감동의 영화였다. 집주인에게 쫓겨난 싱글맘이 살기 위해 이주해 온 낯선 곳에서 어린 남매를 두고 일자릴 찾는다. 그동안 옆집에 홀로 사는 목수, 다니엘 할아버지는 어린 남매의 친구가 되어 주고 보살펴 준다. 싱글맘은 노인의 배려와 진심에 보답하려 자기 몫으로 남겨 진 한 끼의 식사를 내어주는데, 그 장면이 무척이나 인상적이었다.

어디서나 가난한 삶을 이해하고 도와주는 사람들은 같은 마음을 가진, 특별한 거 하나 없는 그저 평범한 사람들이다. 힘들고 막막한 상황을 경험했던 사람들은 누구보다 그 입장을 잘 알고 있다. 그러기에 진정으로 그 마음을 위로해 준다. 슬픔에 지친 삶이 더는 슬퍼지지 않도록 상처를 감싸 준다. 맞다! 진심 어린 용기만큼 큰 선물은 없다. 먼저 말을 걸어 주고 손을 잡아 주며 가장 마지막 순간까지 남아서 잘 견뎠다고 응원해 주는 사람이 정말 좋은 사람이다.

문득 나는 좋은 사람일지 되묻게 된다. 기억을 더듬어 보면 누군가를 위해 기꺼이 무언가를 희사한 일이 기억나지 않는다. 좋은 사람은 아닌 것 같다. 살면서 내 아이들이나 남의 아이들에게나 지켜야 할 바른 도리를 가르치고 진작부터 '함께'를 배우게 했으면 좋았을걸 하는 아쉬움이 있다. '같이' 사는 이치나

도리를 제대로 가르쳤으면 좀 더 보람이 있었을 거란 후회가 남는다.

이제라도 뭔가 제대로 알려 주고 싶어서 마음이 급해진다. 먼저, 나를 통해 삶을 글쓰기로 가꾸는 아이들에게 세상의 주변인으로 살지 말라고 말하고 싶다. 세상의 주인공은 자기 자신임을 잊지 말고 주체적으로 살라는 말을 꼭 하고 싶다. 그다음엔 행복한 청춘을 위해 스스로 준비하고 즐길 줄 알아야 행복하다고, 어떤 삶의 형태든 자신이 모든 걸 책임져야 한다고 말하려 한다.

환한 아침 햇살에 눈이 부시다. 텔레비전 방송에서는 아직도 서로의 책임에 대해 시비를 가리느라 카메라를 든 기자의 손이 바쁘다. 문득 변함없이 지켜 온 나만의 일상이 보물처럼 소중하게 느껴진다. 습관처럼 시간표를 챙기면서 오후에 만날 방과후 독서 교실 아이들을 떠 올린다. 맑고 순수한 녀석들이 누군가를 도울 수 있는 의인의 용기를 배웠으면 좋겠다.

잘 나가는 유명한 사람 되려고 애쓰지 말고 선한 마음으로 그늘진 곳에 사랑과 행복을 나눠주는 가슴 따뜻한 어른으로 자랐으면 좋겠다. 녀석들이 건강하게 성장해서 좋은 사람이 될 거라는 상상만으로도 마음은 흐뭇하다.

2010 백제의 사마 이야기

한양의 아리수는 서해로 흐르고 사비의 백마강은 천오백 년 잠잠히 백제인의 가슴에 흐른다. 십여 년 전, 고구려 유적지를 찾아 백두산에 오른 적이 있었다. 하늘처럼 새파란 물빛이 천지에 가득 담겨 마치 신선의 세계가 들어앉은 듯했다. 신비한 풍광에 덮여 있었다. 기암절벽이 천지를 둘러싸고 깊이를 알 수 없는 맑고 푸른 물이 두 팔을 벌려 안아 주는 듯했다.

땅과 하늘, 분화구에 담긴 창공 같은 물빛은 경계를 분간할 수 없었다. 백두산 그 맑은 호수를 보는 순간 가슴에 솟구치는 희열과 벅참은 말로 전할 수 없는 전율 그 자체였다. 새로움이었다. 민족의 영산 백두산은 우리 겨레의 정기를 가득 품고 꼿꼿하게 서 있다. 백두산의 고구려 기상과 위례성 한강이 흐르는 백제의 정예함이 금강으로, 백마강으로 역사 속에서 유유히 흐르고 있다.

백마강을 따라 사비성에 이르면 그 옛날 중국과 일본을 호령하던 훌륭한 백제인의 숨결을 느끼게 된다. 그렇다. 우리의 산하가 이토록 경이롭고 아름다운 그 자체인 것을 내 진작 몰랐던 것이리라. 전에 신라를 찾아갔을 때도 그러했다. 야경에 빛나는 고궁의 연못 안압지며 첨성대, 도심 중앙에 커다랗게 솟아있는 대릉원과 천년고도 서라벌의 찬란한 문화유산의 가치를 느끼며 가는 곳마다 선덕여왕을 만났고, 김춘추를 만난 것 같다.

 고구려 시조 주몽에겐 유리 태자 말고 비류와 온조가 있었기에 한강 남쪽 평야에 국가를 건설하고 찬란한 문화유산을 남길 수 있는 백제가 터전을 잡을 수 있었다. 주몽의 또 다른 아들 온조는 처음 '십제'라는 이름을 바꿔 백제라 칭하고 하남 위례성을 거쳐 웅진 사비에 이르렀다.

 백제는 대외적 활동이 활발한 나라였다. 4세기 근초고왕 때에는 왜국보다 우위에 있었으며 왜왕에게 칠지도를 하사하는 등 우호적 관계를 맺기도 했다는 기록이 있다 동진과의 외교며 무역, 음악, 미술, 무용 건축의 종합예술의 극치를 이룬 대단한 나라였음을 알게 했다.
 백제 중흥을 이룩한 25대 무령왕은 '사마'라는 이름을 가졌다. 성은 부여 씨였고 또 다른 이름은 '융'이라고 했다. '사마'는 그의 부친 '곤지 왕자'가 일본으로 파견돼 가던 배 안에서 출생하여 섬이란 뜻의 '사마'라는 이름으로 불리게 되었다는데 동성왕이 시해된 501년에 40세의 늦은 나이로 즉위해 23년 동안 백제의 국력을 신장시키고 민생을 안정시킨 훌륭한 임금으로 평가되고 있다.

무령왕릉 안의 벽돌 한장 한장을 살펴봐도 신비함을 발견하게 된다. 조각과 회화 등 불교의 예술을 느낄 수 있는 연꽃 문양이 새겨져 있고, 돌 쌓기 역시 가로세로 난립한 듯 해도 장방형의 평면 천장 돌 쌓기를 따라 일정한 규칙과 리듬감이 숨겨져 있음을 발견하게 된다.

2010 세계 대 백제전이 펼쳐질 예정이라 백제 여행길에 나서게 된건데, 참으로 잘한 일이 되었다. 삼국 중, 가장 섬세하고 정교한 예술적 솜씨를 보여 준 나라가 바로 백제라고 생각한다. 금동대향로, 공산 성곽, 연꽃무늬 기와와 치미까지 모두 독특한 문양과 창의적 디자인으로 감탄을 금할 수 없었다.

공주대학교 사학과 학생들의 해설을 듣다 보면 '동방 문화의 찬란한 빛' 그 자체가 백제국이었음을 알게된다. 1400년전 이번 세계대백제전에서 인기를 끈 것은 사비성 천도 선포식과 낙화암 수상 무대에서 백마강을 배경으로 공연되는 수상 미디어 쇼, 기마군단 행렬과 계백장군 열무식, 서동 왕자와 선화공주의 무왕 즉위식과 웅진성의 수문병 교대식은 백제인의 절제된 일체감과 따뜻한 인간미를 함께 느끼게 했다.

달빛 무리는 백마강에 양탄자를 깔아내고 별빛은 촘촘히 꽃 수를 놓는다. 사비궁의 하루는 이렇게 고요하고도 은은하게 꿈의 궁전으로 흘러들었다. 백제문화의 정수를 세계에 이어주었던 위용의 선대왕들도 결사 항전의 의지로 가솔을 제 손으로 베어야 했던 황산벌의 용장 계백도 곱디고운 루미나리에 수은 빛으로 점점이 사라지고 있었다.

1400년 전의 대백제의 부활을 꿈꾸는 웅진과 사비의 백성으로 돌아가 사비미르가 되길 염원해 본다. 부소산 자락 낙화암 궁녀의 마음도 헤아리고 기름진 평야의 넉넉함과 인정 속에 빠져들기도 한다.

아름다운 사비와 웅진, 사마의 이야기로 '2010 한가위 고운 달님은 마냥 행복했으리라 믿고 싶다.

사임당의 길을 따라

시인 윤동주는 '하늘을 우러러 한 점 부끄럼이 없기를 잎새에 이는 바람에도 나는 괴로워 했다.'고 했다. 그는 짧은 생애 속에서 자신을 반추하며 매번 자성하는 시간을 갖았으며 거울을 비유하여 우리들의 자화상을 일깨웠다.

그는 당당하고 분명한 삶을 살면서 나라와 민족을 사랑했고, 나아갈 길을 알고 있었다. 그럼에도 '나한테 주어진 길을 걸어간다.'고 힘주어 말했다. 그는 자신의 길에 확신이 있었다.

우리는 늘 길을 걷고 있다. 시계추가 멈추지 않는 한 봄과 가을을 건너며 겨울과 여름, 찰나와 고비를 넘고 있다. 인생이 시작되면, 인생의 끝인 종착지까지는 그렇게 묵묵히 걸어가야 한다는 걸, 가르쳐 주지 않아도 스스로 찾고 개척하며 운명적으로 받아들인다.

길이 있다는 것은 꿈과 희망이 있다는 것으로 해석된다. 인생이 유순하고 다복해서 탄탄대로를 걷는 인생도 있지만 굴곡진 삶의 무게로 하루가 일 년처럼 부치고 힘겨운 인생도 적지 않다. 때로는 꿈을 이루지 못해 자신을 자책하며 조용히 숨어들거나 자신의 흔적을 감추고 미궁으로 빠져들기도 한다. 그러나, 모두가 찬란한 꿈을 이룰 수는 없다. 걸어가는 일생 길에 희망이 보이지 않거나 꿈의 청사진을 제시할 수 없다면, 가던 길을 거스르며 한 번쯤은 천천히 뒤를 돌아보아야 한다. 끝없이 자신의 삶을 가꾸는 일에 힘을 쏟아야 한다. 삶이 있는 한 희망을 꿈꾸어야 하는일, 그것이 우리 삶의 바른길이다.

6·25 때 태어난 언니 때문에 열일곱에 결혼한 엄마는 바람처럼 어디론가 사라지길 간절히 기도했다고 했다. 피난길에 우는 아이 입을 틀어막고 죽은 사람의 주머니와 보따리를 뒤졌고, 송장을 밟고 걸었던 그 길이 내내 어울렁거려 속앓이가 생기고 귀에선 앵앵앵 사이렌 소리가 들려 소름이 끼친다고 고개를 저었다. 그 자리에서 곧 죽을 수도 있었던 아비규환의 그 길을 걷고 또 걸어 60여 년을 지나왔으니 배부르다고 헛소리 말고 게으름 떨지 말라며 에미 앞에 먼저 가는 새끼 놈은 천하 불효자식이니 인생길 쓰다 달다 말라 한다.

사람은 태어나면서부터 저마다의 길이 있다는 걸 안다. 선견지명이 있는 위인들도 그렇지만 구국운동에 목숨 바친 애국자들이나 의료 봉사로 아프리카에서 헌신한 슈바이처 박사, 나이팅게일, 테레사 수녀, 성철 스님 같은 분도 자신의 인생길은 봉사와 희생이 전부였음을 이미 알고 있었다. 왠지 내가 아니면 안 될 것 같은 사명감과 정열, 휴머니즘과 박애 정신은 훌륭한 인물을 존재하게 했다.

흔히 '책 속에 길이 있다'하고 '세 명이 길을 걸으면 그 중 반드시 스승이 있다'는 말이 있다. 어느 곳이나 스승은 있고 진리의 길도 열려 있는 것이다. 길을 모르고 나아가는 것은 암흑과 같다.

오늘날 여성의 표상이라 불리는 오죽헌의 신사임당은 칠남매를 훌륭히 키워냈고, 친정 부모와 시부모를 정성껏 봉양했다. 또 남편의 출세와 성공을 이루어 내도록 내조하고 자신은 시와 글, 그림에 능한 인물이다. 특히, 예술인의 훌륭한 재능이 넘쳐났다.

신사임당은 자연을 사랑한 분이었다. 초충도 팔 폭의 그림을 보면 풀과 작은 벌레같은 자연물의 그림에도 품위와 격조가 담겼다. 한국 여인의 우아함을 대표할 만큼 가정과 사회, 국가에 이바지한 모범적 여성이다.

'신사임당'의 이름은 의미가 각별하다. 중국 주나라 문왕의 어머니였던 '태임'을 스승 삼아 그 뜻을 기리고 본받고자 스승의 뜻 '사'와 태임의 '임' 자, 부인을 나타내는 '당'자를 붙여 이름을 지었다. 신사임당은 자식을 양육하고 가정에 내조하는 옳은 길이 어떤 '길' 인지를 분명 알았기에 어려서부터 올곧은 길을 걸었고 자신의 영혼과 예술의 혼을 불태울 수 있었다.

나는 오십여 년의 길 위에서 걸어온 길을 천천히 돌아본다. 20년 동안은 아무것도 모르고 앞으로만 걸어 왔다. 10년 동안은 스스로가 만족하고 행복할 수 있는 직업과 연관 된 길을 찾아 분주히 또 걸었지만, 그 길에 우뚝 서기 위해 지름길을 택하지는 않았다. 길을 잘못 들기도 수차례다. 처음부터 다시 출발점에 서서 다짐하기도 했다.

내가 걷는 길 위에 친절한 이정표는 없었다. 묻는 길에 주변인은 성의 없이 대답했고 스스로는 번번히 실망하고 자책했다. 하지만 길은 분명히 정해져 있었음을 깨달았다.

전쟁과 가난 미개함과 무지함, 미움과 불행 속에서도 부모로서의 길은 멈출 수 없었던 엄마는 18세에 낳은 딸자식을 곱고 바르게 키워내며 죽을 수 없어 산다는 뻔한 거짓말로 걸어온 길을 넘겨 버린다.

인생은 길이 있어서 걸어가는 게 아니다. 꿈과 희망이 있어 그 길을 걸어가야 하는 것이다.

시인 윤동주처럼, 우리들의 아름다운 어머니, 사임당 신씨처럼 자신에게 주어진 길을 분명히 알고 그 길을 부끄럼없이 나아가야 하는 거였다. 그 길에 주저함이나 망설임은 없었으면 좋겠다. 태임에 가르침을 본받은 신사임당처럼 자신의 갈 길을 곧게 걸어 가고자 할 뿐이다.

쉬어가는 곳

태백을 넘어 통고산 끝자락 불영계곡에 접어든다. 휘어져 흐르는 계곡을 따라 사랑 바위에 새겨진 오누이의 전설이 구슬프게 굽이친다. 서로를 껴안고 보듬은 형상이 지나치는 이들의 눈길을 끌고, 굳어진 바위에는 오빠 찾는 누이동생의 애절한 울음까지 들리는 듯하다.

그래서일까 깊은 구곡에 빗살처럼 비스듬히 서로를 기대고 서있는 하늘바라기 붉은 소나무들은 사연을 아는지 그 빛 또한 진하기만 하다.

불영사는 글자의 뜻처럼 부처님의 그림자가 연못에 비친다고 해서 그렇게 불린다고 한다. 불영사 신행팀의 총무라는 거사님이 자처하여 경내를 안내했다. 비구니 사찰이란 설명에 더해 금강송 군락지와 기암괴석의 신비로운 조화까지 사찰 전체가 참으로 아름다운 도량의 세계란 걸 일러 준다. 불영사를 창건한 의상대사는 동해를 지키던 호법신장 이란 노인과 여덟

동자가 절을 창건하라는 부탁을 받아 지었다고 한다.

의상대사가 동해 어디에 부처님이 계시면 좋을지 찾던 중 포항 바다의 용이 울진 바다를 지나 이곳 천축산으로 데려다 주었는데 연못에 부처님이 비쳐서 절을 짓게 됐다고 했다. 조선시대 숙종의 정비였던 인현왕후와 관련된 이야기도 참으로 신기하다. 인현왕후가 장희빈의 모함으로 폐비가 됐을 때 왕후의 꿈에 나타난 노승이 사나흘 지나면 좋은 일이 있을 거라고 했는데 실제로 삼 일 뒤에 중전으로 복위됐다고 했다. 인현왕후는 자신의 꿈에 나타났던 노승이 알고 보니 불영사 양성스님이었다는 사실을 깨닫고 후에 금표를 세우고. 불영사에 땅을 시주했다고 전한다.

불영사는 쉴 곳을 찾던 나에게 위로와 안식의 피난처가 되었다. 누군가가 고통받고 슬퍼하고 지쳐있을 때 어김없이 인자한 부처님의 음성이 들렸다더니 천축산 아래의 바람소리 물소리가 자비로운 부처님의 마음이고 뜨락이란 걸 알았다. 이곳은 지친 마음과 발걸음으로 찾아드는 중생에게 평화와 안식을 준다. 한나절 머물렀는데 포근하고 안락하다. 종소리에 따뜻한 기운이 퍼졌다. 옥빛의 계곡물도 속세의 인연을 담아 정처없이 흐르고, 발아래 던진 시름들도 그대로 씻겨 내려간다. 사방에서 삶이 버거운 뜨내기들이 모여들어 부처 바위에 깃들었다. 중생들은 번뇌와 잡념을 보따리에 담아왔다. 그리고 부처님 그림자 연못 속에 던져 놓고는 아무 일 없는 듯 홀연히 사라져 갔다.

나는 마음 둘 곳을 찾아 떠나길 좋아하는 뜨내기였다. 자비와 평화를 찾아 방황하는 방랑자였다. 그렇게 찾아 든 산사는 고즈넉했다. 나그네들의 온갖 상념을 일순간 날려버릴 신비한 이곳은 눈길과 발길을 잡는다. 무춤 그 길에서 서성거린다. 그림자 연못에 어지러운 마음이 머무른다. 연노랑의 수련 몇 송이가 곱게 피어있다. 손을 모아 어리석었던 지난 시간을 돌이켜 본다.

범종 소리가 가슴 깊은 곳을 잔잔히 울려준다. 편안한 영혼의 쉼터가 멀리 있지 않았다. '수수수' 여름 소나기 한바탕에 초록의 이파리들이 싱그럽다. 깊은 골짜기 불영계곡은 계절의 한가운데서 화려한 휴식으로 유혹한다.

깊고 푸른 계곡에는 많은 이들이 머물러 발을 멈추고 가슴을 연다. 세상을 고스란히 받아들이고 숨을 고른다. 모두가 쉬어가는 평안의 쉼터이다. 불영사 여덕 스님의 고운 합장과 산사의 그윽한 꽃차 향기가 바람에 실려 마음을 잠재운다.

유정의 향기

남춘천 톨게이트를 지나 덕만이 고개를 숨 가쁘게 내려오는 길이었다. 소낙비라도 쏟아지면 가슴이 시원하리라 싶을 때 차창 가득 산자락에 모여있던 골바람이 불어 든다. 청아하고 상큼하다. 고갯길 오른편에는 맹꽁이 총각 덕만이네 증리 마을이 산자락에 안겨 여름밤을 밝히고 있다. 아늑하고 조용한 마을의 향기, 영문도 모를 내음이 풍겨 온다. 그 향에 취해 차 창문을 한껏 열어젖혔다. 곧 소나기가 내릴 듯 비를 부르는 바람이 들어 찬다. 향긋하니 익숙한 꽃 냄새다. 그리고 더하기는 은은한 싸리꽃 향기 같기도 하고, 조팝나무꽃 향기 같기도 하다. 달큼한 섬유 유연제 같은 좋은 냄새가 코끝으로 날아든다.

실레마을에서 불어오는 유정의 향기이다. 자연의 향기, 인간미 넘치는 인정과 인생의 향기이다. 삶에 찌들어 늘 꾀죄죄한 몸에서 고약한 냄새가 났던 그녀, 이 주사에게 갖은 모욕과 시련을 받고도 남편에게 돈을 구해 주려 애쓴 열아홉 춘호

아내의 체취일지도 모른다. 증리 마을로 이어진 고개를 넘고, 들을 건너 골골이 찾아든 들병이의 싸구려 분첩 냄새이고, 장가들려고 없는 돈 털어 술값 치르며 들병이에게 고백했던 순수한 사랑과 닭싸움에 열 올리던 우직한 그에게 은근슬쩍 제 맘을 전한 점순이의 찐 감자 냄새일지도 모를 일이다.

 실레길에서는 드문드문 슬픈 빗방울이 떨어진다. 일제의 압제에서 자유를 잃어버린 고달프고 애절한 우리 민족의 속앓이가 느껴진다. 일제에 항거하며 겪는 수난사를 가난한 소작농과 노동 품팔이 광부와 들병이들의 목소리로 들려 주기도 한다. 힘없이 모든 걸 빼앗기고 좌절하는 참담했던 농촌의 모습이 아프게 투영된다. 유정의 소설 속 소재는 소박하고 쉽게 접할 수 있는 흔한 것들이 대부분이다. 친근하고 편안하다. 잘나거나 특별한 능력이 있는 인물을 주인공으로 등장시키지 않았다. 그 이유를 알 것도 같다. 시대를 넘어 사람이 사람을 좋아하고 사랑하며 행복해지는 일은 빈부귀천이나 명예의 문제가 아니기 때문이다. 소박하지만 소탈하고 부족하더라도 상대를 위해 다 내어주는 마음의 풍요로움이 모든 걸 초월할 수 있어서였다.

 그래서일지도 모르겠다. 실레길에는 유정의 작품이 마치 열두 고개를 넘어가듯 고비마다 마치 그 시대의 모든 인물의 삶을 엮어낸 듯, 구석구석 애잔한 사연들이 배어있다. 살아가기 위해 가난을 사랑하고 원망을 녹여냈던 이야기들이 잔잔하게 놓여 있다.

아무짝에도 쓸모없는 · 만무방 · 이지만 제 논에 벼를 도둑질 해 자작극을 벌이면서도 응오는 병든 자기 아내가 제일 먼저였다. 응칠이 역시 자기 혈육이 또 우선인 거였다. 실레마을엔 응칠이와 응오 형제의 가난한 논바닥도 있다. 콩밭을 조밭으로 바꿔 심는 어리숙한 덕만이네 밭고랑이 고달픈 인생의 향내를 풍기고 있다. 다른 때는 몰라도 덕만이 고갯길을 지나올 때면 유정의 삶에 얽힌 이야기가 주저리주저리 따라붙는다. 맹꽁이 울음소리의 덕만이가 나타난다. 순수하고 욕심 없는 착한 총각이다. 실레길로 이어지는 골골이 유정의 발자취가 담겨 있고 소설로 승화시킨 그의 짧은 인생이 뒤섞여 있다.

나는 가끔, 실레길을 걷는다. 걷다가 둘러보면 금이 쏟아지는 노다지 광산 골짜기가 여기인가 싶고, 점순이네 감자밭은 요기쯤이겠구나 싶다. 그러면서 작가 김유정의 농촌 사랑이 얼마나 갸륵하고 지극했는지에 대해 감탄한다. 유정의 작품 속에서 많은 인물들이 살아난다. 한 걸음씩 함께 걸어본다. 자신의 사랑 이야기를 근식이나 계숙이를 통해 멋대로 표현하고 지키려 했던 유정은 마치 자기 자신도 바람난 남정네가 되고, 유부남 유혹하는 들병이가 된 것처럼 구차한 살림살이라도 다 주고 싶어 안달이 난 그시절 사람들의 정분을 맘껏 드러냈다.

커다란 솥단지가 걸려있는 실레마을 입구를 지나간다. 한쪽 구석에 오도카니 유정이 지냈던 생가가 네모반듯한 모양으로 앉아 있다. 길가 담장 너머로 작은 글방도 자릴 하고, 그 안에서 글을 쓰고 있는 유정의 모습이 보인다.

유정은 늘 가난하고 옹색한 자신의 삶을 소설의 주인공들과 함께 노래했다. 구차한 살림을 햇살 받아 반짝이는 노란 동백꽃으로 승화했다. 엄연한 불륜의 이야기지만 비도덕을 지적하기 전에 어이없게도 비난보다 동정심이 먼저 생기도록 만들었다.

유정의 글은 해학적이라 재미있고 사투리가 짙어 푸근했다. 금을 따러 간 갱도에서 죽을만큼 고생했고, 깊은 병이 들었어도 옹색한 방 한 칸 귀퉁이에서 펜촉이 닳도록 썼다. 유정은 지쳐 쓰러지면서 옥고를 탄생시켰다. 울컥울컥 안쓰러움이 밀려온다. 미인도 박명이고 천재도 단명이라더니 안타까움과 아쉬움에 슬픔이 밀려온다.

유정의 향기가 금병산 골짜기를 타고 바람 가득 번져온다. 향내 짙은 문학의 향기이다. 점순이의 감자길 띠라 문학이 자릴 잡고 문학의 여울을 이룬다. 노란 생강나무 따라 유정의 글향기가 널리 퍼져 나가길 바랄 뿐이다.

은이의 5월

춘천과 홍천의 초등학교를 찾아다니며 글쓰기와 독서 논술 수업을 하고 있다. 그런 덕분에 가는 곳마다 기특한 제자들이 생겨 여간 보람 있는 게 아니다. 독서 논술 수업은 학교 정규 수업과는 다르다. 주 1회, 정해진 요일에만 수업하는 아쉬움은 있지만 이듬해까지 연계되는 경우가 많아 아이들과는 새록새록 정을 쌓고 있어 매우 만족하다.

초등학교 방과 후 수업을 자처한 이유는 순수한 동심을 통해 소소한 행복을 얻고, 아이들에게 새로움을 전하며 기쁘고 즐거운 앎의 행복을 채워주고 싶어서였다. 그러다보니 시간을 따라 아이들과의 추억을 좇는 일은 일상이 됐다. 하지만 즐겁고 보람된 일만은 아니었다. 모든 게 추억이 될 수는 없었던 것 같다.

지난 해, 2013년 5월이었다. 두 번 다시 기억하고 싶지 않은 일이 일어났다. 어른들 때문에 고통을 당하는 아이들의 슬픈 현실을 현장에서 목격하게 된 거였다. 하지만 나는 무능하고 부끄러운 어른일 수밖에 없었기에 지금도 미안하기만 하다. 그날도 방과 후 수업 시간에 맞춰 학교 도서관으로 들어섰다. 교실 분위기를 정돈하고 시작 인사를 하려다가 한 아이에게 시선이 멈춰졌다. 꼼짝하지 않고 책상에 엎드려 있는 모습이 왠지 신경이 쓰였다. 아이에게 바짝 다가가 얼굴을 들게 했다. 얼핏 스쳐 보아도 얼굴 한쪽이 이상했다. 곧추세워 세세히 얼굴을 살폈는데 반쪽이 시퍼렇게 멍이 들었고, 귓바퀴엔 검붉은 피멍도 들어 내손을 바들바들 떨게 했다. 반 친구들 말로는 아이가 할머니에게 매를 맞은 거라고 했다. 학용품을 잃어버렸다고 몽둥이로 맞았다고 했다. 사실을 알기 위해 쌍둥이 언니에게 다급히 물었지만 고개를 숙인 채 묵묵부답이었다.

수업 시간이 침묵으로 지나갔다. 나는 속수무책으로 어쩔 줄 몰라 그냥 떨고 있었다. 5월의 첫 주라서 어린이날과 관계된 역할극을 하려고 셀로판지며 색종이, 활동지와 초콜릿까지 챙겨 왔어도 아무것도 하지 못한 채 붙박이가 돼 버렸다.

"선생님! 오늘 수업 안 해요?"

나는 퍼뜩 정신이 들었다. 다른 아이들을 위해 간단한 활동 수업이 필요했다. 아이들에게 어린이날에 받고 싶은 선물과 희망하는 것을 활동지에 적고, 글쓰기가 완성되면 그림까지 그리라고 했다. 그리고 아이들의 시선을 따돌렸다. 아이들이 분주하게 움직이고 소란스러워지자 은이가 고개를 들고 나를 바라보았다. 콧물이 주르륵 턱까지 내려와 있었다. 얼룩진 얼굴을 닦아주면서 뺨에 있는 퍼런 멍 자국에 가슴이 콕콕 쑤셔왔다. 주체할 수 없는 눈물이 쏟아져 흘렀다.

　친구의 아픔을 아는 아이들은 그 시간 모두 다 철이 들어 있었다. 조용하고 숙연했다. 은이와 빈 교실에 나란히 앉았다. 초콜릿을 꺼내 입에 넣어주고 이마에 붙어 있는 몇 올의 머리카락을 쓸어 주었다. 이미 오른쪽 눈동자까지 빨갛게 피멍이 들어 있었다. 순간 치솟는 분노에 아이의 할머니에게 달려가 따지고 싶어졌다. 하지만 용기를 내지 못했다. 몇 달 전, 우연히 듣게 된 은이네 가족 이야기가 할머니의 과격한 말투와 폭력적인 행동을 암시하고 있어서였다. 은이네는 학교 근처에 집이 있다고 했다. 할머니와 5학년 오빠, 3학년 쌍둥이까지 네 식구가 사는데 오래전 집을 나간 엄마는 얼굴도 생각나지 않는다고 했다. 아빠는 일 년에 세 번 만나러 오는데 설날과 추석, 그리고 어린이날에 온다고 했다. 어린이날에 올 때는 선물도 사 온다는 이야기였다.
　삼 남매는 할머니의 보살핌에 보답하려고 설거지도 하고 작은 손으로 밭일도 거드는데 할머니가 술만 취하면 욕설을 하고 화를 내서 무섭고 싫다고도 했다. 은이 할머니가 알코올 중독이 된 것도 아이들을 맡기고 떠난 무책임한 아들 며느리 때문인 것 같았다. 할머니는 불행한 자신의 인생을 원망하고 한탄하며 가혹한 분풀이로 아이들을 학대한 거였다. 담임 선생님도 이런 상황을 아시고 무척이나 안타까워 많이 우셨다고 했다.

학교에서는 아동 폭력 신고의 의무로 군청 복지과로 도움을 청했다. 네 식구 모두 사회복지사와 상담한 결과 5학년 오빠는 원주의 보육시설로, 3학년인 쌍둥이들은 춘천 쪽으로 결정이 났다고 했다. 어쩔 수 없이 가족이 해체된 남매는 결국 할머니하고 당분간 헤어진다는 말을 들었다. 어쩌면 아이들에게 새보금자리가 생겨 정서적인 치유에 도움이 될 것 같아 진정은 됐지만, 한편으론 가족이 뿔뿔이 흩어지는 상황에 마음이 아팠다.

수업 시간 내내 조용히 기다려준 다른 아이들을 위해 수업을 정리했다. 마무리 시간은 아이들의 활동지를 발표하도록 했다. 예림이는 빨간 원피스를 입은 새엄마 손에 선물 꾸러미를 그렸고, 수진이는 날마다 외할머니가 사기꾼이라고 욕하는 집을 나간 아빠가 돌아왔으면 좋겠다는 글쓰기를 했다. 각각의 색깔로 소망하는 일을 상상하고 멋진 그림까지 표현한 아이들이 대견스러웠다. 나는 아이들을 위해 손바닥이 빨갛게 되도록 박수를 쳤다.

해마다 오월은 오고 또 시들어간다. 새로운 둥지에서 새로운 가족을 만난 그 아이들이 훈훈한 인정 속에서 밝게 자라기를 바랄 뿐이다. 힘들고 아팠던 파란 멍 자국은 이미 지워졌을지도 모른다. 드높은 하늘에 새들이 날고, 아이들의 꿈들이 자유로이 날아다니는 푸른 오월을 기대하고 희망한다.

종이 위에 쓰는 기적

'종이 위에 쓰면 기적이 이루어진다.'는 말은 미국 워싱턴대학의 교수 '헬리엔트 앤 클라우저'의 이야기다. 그는 기적의 작가의 유명세 만큼 수많은 사람들에게 황홀한 무지갯빛 꿈을 안겨 주었다. 어찌 보면 말장난처럼 허황되고 터무니없는 말처럼 들릴지 몰라도 말의 위력을 경험한 사람이라면 이 말은 곧 비전이 된다.

종이 위에 쓰면 꿈을 이룰 수 있다는 말은 허황된 게 아니었다. 정말 그렇게 꿈을 이룬 사람이 있었다. 할리우드의 유명 배우 짐 캐리는 오랜 무명 시절을 보냈다. 가난한 현실에도 굴하지 않고 꿈을 향해 나갈 수 있었던 것은 기적의 글쓰기였다. 언젠가는 반드시 할리우드의 대스타가 될 것이며 최고의 개런티를 받는 배우가 될 거라고 썼다. 짐 캐리는 천 만 달러 출연료를 적어 둔 가짜 수표를 늘 갖고 다녔고 최고의 배우가 된다는 확언을 종이 위에 썼다. 5년 뒤, 배트맨으로 1,700 달러의 출연료를 받은 탑스타가 됐다.

삶의 기적은 날마다 글을 쓰면서 시작된다. 자신이 원하는 희망 사항을 낱낱이 쓰고 다시 쓰고, 또 매일 쓰면 이루어진다는 말이다. 말의 힘을 믿는 사람들은 스스로를 위로하며 꿈이 실현될 때까지 종이 위에 계속 적어 나가기만 하면 가능하다는 말로, 지친 하루에 큰 행복감을 주고 있다. 쇼핑 목록을 적어 가듯, 목표를 이루기 위한 미래의 계획서를 작성하듯, 또는 기도문처럼 간절한 소망을 기록하듯, 절박한 마음을 담아 글쓰기에 집중하면 행운처럼 좋은 기운이 생겨나서 원한 바를 이룬다고 말한다.

헬리엔트 앤 클라우저의 말처럼 좀 더 일찍 날마다 종이 위에 희망과 꿈을 썼더라면, 어쩌면 기적을 바랄 수 있었을지 모른다. 인생은 그렇게 그림 속 상상처럼 꿈과 포부, 기대나 행운, 소망처럼 긍정적인 낱말보다는 슬픔과 불행, 아쉬움과 부족함, 어려움 같은 부정적인 말에 더 익숙한 게 사실이다. 그냥 살기 위해서만 사는 삶도 무척이나 바쁘고 버거워 이런 말에 희망을 걸기는 어려웠을 것이다. '종이 위에 쓰면 기적이 이루어 진다.'는 말의 힘은 책을 읽는 내내 구체적인 대안을 알려주었다. 삶 속에 흩어졌던 희망의 조각들을 이어갈 가능성을 보여주었다.

글쓰기의 힘을 믿는 긍정의 시간은 좀 더 빠르게 흘러갔다.

그동안의 꿈들이 산산이 깨어졌고, 어둠에 묻히거나 흩어졌다고 절망하지 않아도 됐다. 선명하게 나에게 찬란한 꿈이 있었음을 기억해 냈다. 겨울과 가을, 그렇게 '헬리엔트 클라우져'의 기적의 글쓰기는 나의 암흑기와 침체기, 상실감과 박탈감에서 벗어나게 했다.

물론, 책에 쓰인 말대로 모두 글쓰기의 기적을 확신할 수는 없다. 헨리엔트는 간절히 원하는 것을 글로 적을 때, 다른 때보다 집중하고 몰입하게 되며, 꿈꾸는 많은 방법과 꿈이 실현될 수 있는 방향이 구체적으로 제시될 수 있다고 피력했다.

꿈과 목표가 현실에 나타나도록 나만의 규칙과 수칙을 정해 놓으면, 그것이 지켜지도록 애를 써야 이루어진다고 했다. 나는 간절한 소망이 이루어지길 바라면서 날마다 종이 위에 꿈을 적어 나갔다. 원하던 대로 당장 실현되진 않았어도 써 놓은 목표대로 움직이게 되는 최소한의 삶의 변화를 경험했다.

가장 먼저, 잃어버렸던 꿈과 묻어 두었던 꿈들을 하나씩 상기시켰다. 그것은 꿈을 이루기 위한 치열한 경쟁과 고통이 따르는 힘든 시간이 있어야 했다. 분명한 것은 생명이 부여된 날부터 누구나 가슴에 꿈이 있다는 사실이다.

청년기를 거치고, 불혹의 나이를 훌쩍 넘기면서 과거의 삶을 기억하면 기쁨보다는 슬픔이었고, 지치고 힘들었던 시간이 길었다. 최선을 다해 열정과 인내로 달려 온 시간이라 해도 지금처럼 목표나 계획을 세우고 집중한 시간은 아니었다.

　기적의 글쓰기는 삶과 꿈에 대한 막연함으로 그냥 하루를 보내면 안 된다고 경고하고 있다. 글쓰기의 기적이 전해주는 심장을 울리는 말과 영혼의 속삭임을 나는 들었다. 사람들은 기적의 글쓰기에 대해 어디선가 유행처럼 '새로운 바람이 불어오나 보다.'라고 가벼이 넘겨 버릴지도 모른다. 그러나 그것이 지구 반대편에서 거대한 움직임을 예고한 '나비효과' 같은 위대함이라는 걸 알았으면 좋겠다.

　가끔 길을 떠났다가 춘천에 입성하게 되면 내 눈을 반짝이게 하는 말이 있다. '희망이 강물처럼 흐르는 도시' 육교 아치의 플래카드 속의 몇 글자가 춘천의 이미지로 인사를 한다. 난 그 말이 좋다. 가슴에 희망의 빛이, 환희와 희열의 꿈 조각이 날개를 달고 자유로운 바람에 날아오르고 있음을 느끼게 해주기 때문이다. 나는 날마다 종이 위에 나의 꿈을 쓰고 있다. 꿈들도 강물을 따라 흐르고 있다.

찾아가는 독서 교실

　일주일에 두 차례, 찾아가는 시골 도서관 입구엔 누구나 읽고 되뇌어도 좋을 글귀가 쓰여있어 눈길을 끈다.
　'책 읽는 사람이 아름답습니다. 사람은 책을 만들지만 책은 사람을 만듭니다.'
　익숙한 진리의 이 말에 절로 고개가 숙여지면서 몇 권의 책을 빌려 읽고 즐거워하는 어린 책벌레들에게 희망과 꿈을 기대하고 있다.

　가슴에는 따뜻한 사랑을 안고, 양손엔 책을 쥔, 이 아름다운 모습은 그림으로 상상해도 좋은 작품이 아닐 수 없다.
　책은 다른 것과 달리 아무리 많이 먹어도 배가 불러 탈이 나지 않는다. 또 날마다 많이 먹어도 절대 살이 찌지 않는다. 게다가 읽을 때마다 그 맛이 다르게 느껴지니 사실 그 깊이를 알 수 없어 오묘하기만 하다.
　책 읽기의 향기 또한 그윽하다. 책을 읽는 사람의 마음과 영혼을 건강하게 하고 스스로를 정화하며 수신할 수 있게 도와주는 역할을 한다. 책을 읽다 보면, 책 속에 동서고금이 들어있음을 알고, 인물의 전시장처럼 훌륭한 성현과 위인들의 가르침이 그대로 녹아져 있음을 깨닫게 된다.

이런 이유에서일까 아이들에게 책이 주는 유익함이나 즐거움, 책의 중요성과 필요성을 힘주어 강요하고 강조해도 지나치다는 생각이 들지 않는다. 올해는 가을이 시작되면서 강원교육청과 홍천도서관에서 '학교 도서관 지원 독서 교실'을 운영하게 되었다.

홍천 관내의 곳곳을 순회하며 독서 논술 수업을 지원하는 활동이다. 세심하고 따뜻한 배려의 손길들로 몇몇 독서 동아리 선생님들도 흔쾌히 자원했다.

멀리 벽지의 농·산촌 초등학교를 찾아다녔던 일은 효과가 있었다. 아이들이 학교 도서관을 자주 들락거리게 됐다고 하면서 학교 선생님도 책 읽기 확산에 도움이 된다고 감사해 하셨다.

매주 수요일, 목요일이면 책 읽기를 기다리는 아이들 교실로 직접 찾아갔다. 단편 동화 한 작품을 구연하면서 독서 선생님들은 독서 방법을 알려 준다. 또, 아이들의 읽기 실력을 확인하며 바르게 읽고 제대로 읽는 '읽기' 활동과 함께 책 속의 감동을 서로서로 나누게 된다. 홍천군에서 규모가 큰 초등학교보다는 도서관 시설이 부족하고 독서 논술 수업의 기회가 적은 먼 곳의 아이들에게 먼저 혜택을 주고 있어 이런 수업을 기다리던 작은 학교 아이들과 담임 선생님들은 찾아오는 독서동아리 선생님들을 기쁘게 맞아 주시고 감사의 마음도 듬뿍 전해주신다.

홍천군 창촌리 율전 초등학교는 산골 작은 학교이다. 구룡령의 하뱃재 고개의 급한 경사가 마침 뱀이 똬리 틀 듯 배배 꼬이고 친친 감겨진 길로 이어져 있다. 아슬아슬한 고갯길을 돌아 정상에 올라서자마자 아담하고 조용한 학교 전경이 가을 햇살 아래 화사하게 펼쳐졌다. 교문에 들어서자, 운동장에서 놀던 대여섯 명의 아이들이 쪼르르 달려들어 실내화를 챙겨 준다. 그리고 공손하게 배꼽인사를 하며 외부 손님을 맞이한다.

교실에서 만난 귀여운 아이들은 '찾아가는 독서 논술 교실'이란 말에 신기한 듯 까만 눈을 데룩거리며 얼굴에 웃음꽃 가득 기대에 찬 눈빛이다. 아이들은 책 속의 이야기를 재미있게 듣는다. 책 속의 감동을 간직하고 지면을 통해 주인공과 만나기도 하며 이것저것 질문하고 궁금해한다. 짧은 두 시간에 동화 한 편을 읽고 독후활동까지 마무리하는데, 학교 수업처럼 지속되는 일상의 수업과 달라 특별함을 느끼면서도 책 읽기의 특별한 체험은 기약이 없다. 그래서 아쉬움이 큰 자리로 남게 된다.
남은 겨울 '찾아가는 독서 교실'은 많은 산간벽지 어린이에게 독서에 대한 기대와 설렘을 선물하게 된다.

독서동아리 선생님들은 아이들이 좋은 책들을 만나고 책과 사랑에 빠지기를 간절히 바라고 있다. 책 읽기를 통해서 글 속에 담겨있는 쓰기와 읽기에 대한 진실 깨닫기를 바라고 있다. 책 속의 진리를 탐구하며 세계를 만나고 우주를 만나는 좋은 기회가 되길 기대하고 있다.

홍천군 관내 도서관과 초등학교를 찾아다니면서 또롱또롱한 아이들의 맑은 눈동자를 만났다. 더없이 행복한 시간이 되어 소곤대는 아이들의 즐거운 이야기를 즐겁게 들었다.

모든 것이 쏟아져 내리는 가을 햇살처럼 찬란하게 빛이 났다. 아이들과 동무삼아 한 편 한 편 읽어 간 시간들이 예쁜 책갈피가 되어 아름답고 소중한 추억으로 남았다.

철원 노동당사

태어나 처음으로 철원 땅을 밟았다. 푸르른 오월, 넓디넓은 철원평야는 기꺼이 자신의 품을 내어준다. 발걸음 닿는 곳마다 희한하고 신비스러운 이곳은 수십만 년 전, 용암의 불꽃들이 강과 산을 헤집어 둔 곳이다. 여기저기 무질서한 듯 보여도 어딘가 제자리를 찾아 고고한 자태로 지키고 있다. 고고함의 으뜸은 한탄강 주상절리이다. 세월의 그림자를 따라 모진 풍상을 겪어낸 듯 의연하게 서 있다. 절리의 두상마다 모난 곳이 하나 없다. 긴 세월 내내 자신을 절제하며 다듬었나 보다. 그렇게 시원의 시간부터 지금껏 간직해 온 이 땅의 보물들이 하나둘 살아 움직인다. 산과 들, 강물의 줄기마다 생명이 요동친다.

철원은 옛 도읍지의 위용이 살아 숨 쉬는 유서 깊은 곳이다. 과거의 아픔을 가슴에 묻고 평화를 위한 준비로 새로워지고 있다. 때마다 철원평야엔 철새가 날아들고, 곳곳엔 숨은 비경과 문화재가 빛을 발한다.

그동안 사진으로만 봤던 노동당사가 제일 먼저 눈에 들어온다. 벌판 한가운데 폐허처럼 우중충하게 서있는 모습이 어딘지 모르게 씁쓸하다. 나는 형용하기 어려운 복잡한 감정과 부딪혀 선뜻 다가서기 어려웠다.

노동당사 이야기는 1946년으로 거스른다. 철원은 당시 북한 땅이었다. 소련 군정 치하에 있던 북한은 조선노동당 철원 당사를 짓고, 자신들의 계획과 목적대로 사용했다. 그러다가 6·25 전쟁과 휴전으로 당사 건물은 38도선 아래에 남한으로 귀속되어 지금은 철원군 '국가 등록 문화재' 22호가 되었다. 노동당사는 사회주의국가의 특징대로 소련의 건축양식으로 지어졌다. 건물 중앙엔 높고 둥근 기둥이 마주 보고 섰고, 건물 입면도 특이한 평면구조인데 벽돌과 콘크리트로 견고하게 건축됐다. 건물 전체가 직선과 대칭으로 사회주의의 냉철하고 강한 인상이 전해졌다.

북한 정부는 이곳에서 사회주의 사상을 교화하고 사상범을 감시할 목적으로 건축했고, 특별한 공간으로 사용했다고 전한다. 전쟁 후, 조사 과정에서는 건물 뒤쪽에 묻어 둔 인골과 고문에 쓰였던 도구들이 발견되어 소문대로 노동당사가 공포의 장소였다는 추측이 가능해졌다.

잠시 할 말을 잃고 쓸쓸히 서 있는 노동당사를 바라보았다. 마치 형벌을 받는 듯 침묵 속에 있다. 누군가는 노동당사를 폐허의 장기수라고 했다. 죄인 없는 범죄의 현장에서 문화해설사의 이야기는 가슴을 파고들었다. 진실 된 언어로 전쟁 때문에 겪었던 뼈아픈 상처를 이야기한다. 잊지 말라는 듯 포탄에 얼룩져 깊은 상처를 드러낸 거대한 몸뚱이를 해체하듯 낱낱이 파헤쳐 전해준다.

전쟁은 만행이고 죄악이다. 끔찍한 재앙이다. 돌이킬 수 없는 상처와 고통만을 남길 뿐이다. 전쟁의 참상을 알면서도 세상 곳곳은 아직도 전쟁이 계속되고 있다. 참으로 비통하고 애통하다. 70년 전에도 그랬다. 민주주의와 자유를 부정하고 권력을 앞세운 독재자들이 민중들 위에 군림하며 끔찍한 전쟁을 도발했다. 최악의 전쟁터, 그렇게 치열했던 남과 북은 그때 모두 이곳 철원 벌판에 있었다.

같은 민족 간의 전쟁은 꼬박 삼 년을 싸웠다. 제 삼국이 억지로 뜯어말려서야 싸움은 멈췄고 땅덩이는 두 동강이 났다. 스스로 멈출 힘도 없었기에 정말 가까스로 멈추었다. 너무도 참혹한 현실과 고통만을 남겼다. 남으로, 북으로 달리던 철마는 발이 묶였고, 산과 바다, 하늘까지 막혀버렸다. 지뢰가 딩구는 황폐한 휴전선만을 남겨 놓았고, 그 참담함 너머에는 그리움 가득 고향이 있었다. 전쟁의 소용돌이는 많은 걸 바꿔놓고 원래 그랬던 것처럼 무심히 강물 위로 흘러간다. 멈추어 서면, 노동당사처럼 오랜 시간 흉물스럽게 서 있는 외롭고 괴로운 흔적들과 마주하게 된다. 인위적으로 만들어낸 전쟁의 상처들은 그

자리 그대로이다. 아픈 역사이지만 고스란히 우리의 몫으로 남아 안타까운 마음이다.

그렇다! 어떤 모습이든 어떤 이름이든 지금 남겨진 모든 게 과거가 아닌 새롭게 가꾸어야 할 미래가 되었다.

부모들의 세대가 겪었던 전쟁의 고통과 이산의 아픈 현실은 그동안의 무심한 세월 속에 속절없이 지나가 버렸다. 생생하게 들었던 반공과 승공의 이야기도 퇴색되고 무뎌졌다. 지나간 시간은 고통의 기억만 남겼다. 하지만 다가올 시간은 우리의 손으로 지켜내야 할 평화와 희망이다. 그 염원이 기다리고 있다.

이제 휴전 70년이 지나고 있다. 여전히 그때의 상처를 가슴에 두고 치유되지 못한 사람들의 바람은 모두 한결같다. 평화와 희망으로 쓰게 될 새로운 이야기를 함께 기다리는 일이다.

앞으로는 세대를 넘는 또 다른 가능성의 이야기로 평화에 가까이 다가가는 일만 남았다. 그리움과 원망, 모든 기억을 안고 한탄강은 흘러간다. 총성과 포탄이 쏟아졌던 철원 벌판에는 푸른 오월로 다시 꽃이 피어나고 있다. 파랗게 새 풀이 돋아나고 새로운 소망과 열망이 자라나고 있다.

긴 겨울을 보내고 새봄의 시간을 고대한다. 간절히 염원하는 희망의 날이 오길 바라며 진정으로 꿈꾸는 평화의 날들이 오기를 오매불망 기다리고 있다.

청춘열차

청춘열차가 남쪽으로 달리고 있다. 지친 마음을 달래며 쉴 곳을 찾아 떠나온 젊은이들과 외로움을 벗어버리고 위로를 바라는 예전의 젊은이들이 뒤섞여 너나없이 한적하고 여유로운 쉼의 공간을 찾아 춘천으로 향하고 있다. 열차는 역마다 사연을 안고 떠나온 사람들을 분주히 실어 나르며 복잡한 서울을 벗어나 종착역인 춘천역을 향해 달려온다.

춘천은 '호반의 도시'라고 명명돼 있다. 누구든 물길이 그립고 바람이 그리우면 호반을 찾아와도 실망하지 않는다. 수많은 젊은이가 청춘열차를 타고 다닌다. 지나간 청춘들도 왕년을 떠올리며 열차에 몸을 싣는다. 소양강이 흘러가는 강변을 바라보며 마음의 여유를 찾고자 온 사람도 있고, 푸른 호수에 일렁이는 잔잔한 바람을 맞으러 달려오는 사람들도 있다.

호반을 따라 깔끔하게 정돈되고 단장된 자전거길을 달리거나 호숫가를 산책하려고 일부러 춘천으로 가는 기차를 즐기는 이들이 많다. 춘천의 이름이 그러하듯, 언제나 봄의 시냇가로 관광객을 기다린다.

봄 시냇가의 사람들은 맑은 공지천에 공지어가 튀어 오르길 손꼽아 기다리며 계절을 건넌다. 한겨울엔 소양강을 따라 피어나는 상고대를 가슴에 담아두려 카메라를 들고, 춘천에 빠져들기도 한다.

청춘열차를 타고 달리면 기운이 솟는다. 파릇한 새싹처럼 새로움이 시작된다. 인생의 봄날이 찾아오듯 일상을 깨는 싱그러움에 가슴을 열어젖히게 된다. 청량리를 떠난 청춘열차는 강촌역을 지나 기차가 실레마을 김유정역에 다다른다. 노란 동백꽃의 점순이와 돌쇠의 풋사랑 이야기가 속살거린다. 병풍처럼 펼쳐진 금병산자락에는 김유정을 기리는 문학의 향기가 짙게 풍겨와 골짜기마다 유정의 사랑이 넘쳐흐른다.

'십 년이면 강산도 변한다.' 했다. 정말 서너 차례 산과 들이 바뀌었다. 가을 저녁의 서정이 사십여 년 전의 아련한 추억을 불러온다. 남이섬에서 강변가요제가 열렸고, 풋풋한 청춘들이 춘천 가는 기차에 열정을 실어 날랐다. 강변가요제에서 대상을 거머쥐며 세간의 주목을 받았던 가수 이선희는 꿈꾸듯 그날을 기억해 냈다. 그날의 청춘들 역시 지금의 이선희를 청춘의 가슴으로 오롯이 기억하고 있으리라.

가수 이선희는 노래 부르는 걸 심하게 반대한 부모님이 무서워서 강변가요제 출전 사실을 숨겨가며 결선 무대까지 몰래몰래 춘천 남이섬을 오르락내리락했다며 그때를 회상하고 있다. 앳되고 순수한 모습, 해맑간 얼굴을 지금도 벗어내지 못한 채 수줍게 그날 그 자리, 무대 위에 서서 그날의 목소리로 감성을 자극하고 있다. 왈칵 눈물이 솟아 오른다.

　반짝거렸던 우리들의 청춘들! 끼리끼리 손을 잡고 후들거리는 강촌의 출렁다리를 벌벌 떨면서 건너다녔다. 깔깔거리던 웃음소리, 고래고래 소리 지르며 기타까지 둘러메고 빙 둘러앉아 노래를 불렀다.
　청량리에서 춘천 가는 기차를 타면, 대성리에서 우르르, 한 무리가 쏟아지듯 철길 위로 내려서고 다음은 강촌역에 우르르 쏟아져 내렸다. 가까운 거리가 아닌데도 꽤 자주 기차를 이용해 청춘을 달렸다. 기차를 타고 다니면 스치는 강호의 풍경을 바라보는 일이 좋았다. 이다음에 서울을 떠나면 춘천에서 살겠노라 춘천살이를 동경했다.

　막연했던 그 이야기는 현실이 됐다. 춘천살이는 나름대로 자연이 선물해 준 여유와 풍요로움, 문학과 낭만의 기대를 채워주었다. 덧붙이자면 여고 때, 남몰래 좋아했던 선생님이 춘천으로 전근 가셨다는 소식에 춘천은 더없이 그리운 곳이 됐는지도 모르겠다.

춘천은 늘 고요한 듯 꿈을 꾸는 도시이고, 문학과 낭만이 있는 곳이다. 그런 춘천에서 인생의 선배로서 본받고 싶은 훌륭한 선생님을 가까이에서 뵙고, 의지하면 좋겠다는 생각이 솔직한 심정이었는데 지성이면 감천'이라고 춘천, 춘천 노래를 부른 게 결국 춘천에 터를 잡고 뿌리를 내리게 됐다. 그 덕에 춘천을 찾는 청춘들의 심장 소리를 듣고 강물의 읊조림을 흥얼거리면서 춘천 시민의 입지를 돈독히 세워놨다.

청춘열차가 남춘천역으로 들어선다. 청춘만 타고 다니는 청춘열차는 절대 아니다. 하루에도 여러 차례, 청춘들의 가슴을 가로질러 호연지기를 불어 넣는다. 달리는 열차는 호반의 침묵을 깨고 진격의 소리도 드높게 가열차게 달려온다.

호반의 도시 춘천은 쉼표와 숨표의 공간으로 마음에 새겨 있다. 쉬고 싶을 때 쉬어가고, 멈추고 싶을 때 멈추어도 좋을 청정한 물의 도시이다. 누구든 자연의 낭만을 좇고 봄 시내의 향기를 사방에서 만끽할 수 있는 아름다운 곳이다. 언제나 푸른 젊음으로 기억되는 청춘의 도시로 청춘열차는 오늘도 달리고 있다.

황후의 보디가드

얼마 전 가깝게 지내는 친구와 영화 한 편을 감상했다. 영화 주인공이 텔레비전 드라마 '해신'에 출연했던 '수애'라고 했다. 단아하고 조신한 자태로 뭇 남성들의 인기를 한 몸에 받았던 여배우라 한층 더 기대된 작품이었다. 영화 제목은 '불꽃처럼 나비처럼'인데 1895년 을미사변 때 일본 낭인에게 시해된 '명성 황후' 민자영의 생애를 새롭게 조명했다.

조선 왕조 마지막 멜로라는 홍보 문구가 시선을 끌기도 했지만 궁중의 사적인 로맨스에 더욱 관심이 갔다. 영화를 감상하는 내내 황후를 사랑한 호위무사의 애절한 짝사랑이 진한 연민을 갖게 했다. 연모하는 여인을 위해 모든 걸 버리고 불꽃처럼 뜨겁게 타올랐다가 사라져간 순애보가 가슴을 울렸다.

영화는 빠른 전개로 서학을 탄압하는 흥선 대원군이 등장하고 무자비함도 곳곳에서 드러난다. 1866년, 병인년을 배경으로 천주교 박해 장면부터 시작 되는데, 흰 무명 옷을 입은 천주교

신자들과 프랑스 선교사들이 가슴마다 나무 십자가를 매달고 처형장으로 끌려 간다. 유교의 나라 조선에서 선현의 제사를 거부했다는 점과, 천주교가 서양의 오랑캐에서 시작됐다는 이유로 나무 기둥에 묶인 채, 죽창으로 처형 당하는 장면이 나온다. 보는 동안 너무 끔찍해 잠시 숨이 멎는 듯 했다.

천주교 박해로 목숨을 잃은 부모의 시신 앞에 통곡하는 소년이 있다. '무명'이란 이름으로 열연하는 배우 조승우였다. 무명이란 인물은 역사 속의 실존 인물 이었던 '홍계훈 장군'을 모티브로 재구성 됐다. 무명은 졸지에 부모를 잃은 설움과 한을 가슴 가득 품은 채, 조정의 권력과 지배세력에 저항하며 복수의 칼을 갈고 산다.

우연히 여주 나루터에서 생의 첫 연인인 민자영을 만난다. 신분이 미천하고 존재가 미미한 무명은 돈을 받고 양반들의 자객으로 시간을 보낸다. 그 때, 조선에 금혼령이 내려지고, 대원군의 명령으로 민자영이 가례를 치른다는 사실을 알게 된 무명은 왕비의 신분이 된 민자영을 찾아 궁으로 간다. 우여곡절 끝에 훈련도감 무과에 합격, 경복궁 무예청 별감이 된다. 오로지 사가에서 시작 된 민자영에 대한 사랑 때문이었다.

무명의 하루는 민자영이 황후가 된 후에도 황후의 일신을 따라 소리없이 움직인다. 황후의 호위무사, 새벽까지 잠 못 드는 그녀의 안위를 위해 그림자로 남는다. 황후가 번민하면 함께 고뇌했고 죽는 날까지 황후의 눈과 귀가 됐다. 죽는 순간까지 황후를 사랑했기에 죽음으로 승화시켰다. 불꽃처럼 뜨겁고 나비처럼 여렸던 명성황후와 순수한 호위무사의 사랑은 영화의 몰입도를 최고조로 이끌었다.

고종실록이나 한국 통사에 기록된 사실을 찾아보면 조선 후기 실존 인물인 '홍계훈 장군'은 왕궁의 호위무사로 훌륭한 훈련대장이었다. 1882년 임오군란부터 1895년 을미사변까지 13년 동안 무예청 별감으로, 고종과 명성황후를 호위했던 인물로 사후 서울 장충단에 제향 됐다.

홍계훈 장군의 비호를 받았던 명성황후는 조선의 26대 왕이자, 대한제국 고종황제의 중전으로 역대 왕비들과 달리 황후라는 칭호를 남겼다. 하지만 그런 역사적 의미마저도 그녀의 삶과 흔적에는 아픔과 슬픔으로 굽이굽이 서려 있다.

평소 한 달에 두 편 정도의 영화관람을 하는 편이다. 영화감독이나 배우보다는 내용에 관심이 많아서인지 명성황후 민자영이 고뇌하던 삶의 본질은 무엇이었을까? 하는 그녀의 사상과 정치적 고민에 관한 생각이 깊어졌다.

영화는 신기한 마술 같았다. 역사가 기록하지 못한 사랑의 이야기라는 포스터 문구가 눈길을 끌 만큼 시종 감미롭고 부드럽다. 불꽃 같은 사랑을 숨긴 무명과의 순수하고 가슴 아픈 사랑을 환상적인 분위기로 그려냈다.

감독은 명성황후 이전에 민자영이란 여자, 개인의 인생에 초점을 맞춘 듯했다. 그녀의 사적인 로맨스를 그 어떤 부분보다 더 부각시키고 비중을 두었다. 조선과 대한제국의 국모, 황후로서의 체면과 명예에 부정적인 이미지를 갖게 한 점도 있지만, 인물들의 개성과 매력들을 유감없이 발휘된 점과 어둡고 암울한 역사의 뒤안길을 밝게 조명한 부분은 큰 점수를 주고 싶다.

영화는 허구를 미화시켜 극적인 부분을 환상적으로 연출했다. '그녀를 가질 수 없다면 차라리 지켜주겠다'라고 결심한 황후의 호위무사는 최후의 날 경복궁 광화문 앞에서 자신만의 첫사랑을 지키다 일본 낭인의 총칼에 쓰러졌다. 누군가를 보호하고 생명을 지켜준다는 것은 매우 감동적이고 아름답다. '이연걸'의 보디가드나 휘트니 휴스턴과 캐빈 코스터너 주연의 보디가드들도 마찬가지다. 지켜주다보니 사랑하게 된 건지 사랑하기 때문에 목숨 걸고 상대를 지킨 건지, 아무튼 그들의 운명이 눈물겹다 못해 측은했다.

보디가드들의 마지막이 그렇듯 그들은 누군가를 위해 자신을 불꽃처럼 태워버린다. 이 땅에 남겨진 수천, 수만의 보디가드들에게 용기 내어 한 마디 부탁하고 싶어진다.

'그대들이여! 그대들의 사랑을 지켜라! 죽음을 각오하고 그녀를 호위하라!'

고성바다 명태에게

미시령을 넘어 속초 바다를 지나간다. 북쪽으로 봉포를 찍고, 천진해변을 지난다. 다시 금강산을 향해 북쪽으로 올라오면 설악산 골짜기에서 시작된 맑은 시냇물이 바다로 흘러가는 청간천을 건너게 된다. 거기에 나의 외가가 있던 청간리가 나온다.

강원도 고성군 토성면 청간리, 그곳에 외삼촌네가 살았다. 그렇게 수십 년 전, 청간에 있는 외삼촌을 뵈러 갔다가 소중한 인생의 연분이 만들어졌다.

그때만 해도 고성의 바다는 넉넉하고 풍요로웠다. 짙푸른 수평선 멀리 고깃배가 떠 있고 사계절 맞춤으로 바닷고기가 그물 가득 채워졌다. 겨울에는 명태나 대구, 양미리 도루묵이 잡혔고, 여름에는 야행성인 오징어를 잡으려 집어등을 켠 대형 어선들이 만선의 기쁨을 노래했다. 바다의 꿈이 줄줄이 영글던 바다, 배를 타고 나가면 바다를 통째로 들어 올릴 것 같은 날들이었다.

청간리에 살던 외삼촌은 원래는 함흥과 흥남에서 살았는데 1·4 후퇴 때, 38도 이북의 땅이었던 고성 청간리로 옮겨왔다. 청간에 와서는 예전에 하던 대로 머구리를 하면서 커다란 섭과 성게를 따고, 미역과 전복도 따서 속초시장에 내다 팔았다. 잠수는 보통 수심 30m 넘게 바다 밑으로 내려가는데, 수십 킬로의 납덩이를 몸에 매달고 물 밑에 있는 거였다. 외삼촌이 남들보다 일찍 돌아가신 이유가 혹시 머구리병, 잠수병이었나 하는 슬픈 생각도 남아있다.

　외삼촌은 돌아가실 때까지 머리에 무거운 수경이 달린 잠수복에 의지해 깊은 바다로 내려갔다. 깜깜한 바닷속 바위틈에서 숨을 참아가며 금을 캐고 은을 캐듯 섭과 전복을 캐냈다. 마치 달에 착륙하기 위한 아폴로 11호의 닐 암스트롱처럼 검은 우주인의 모습으로 말이다. 외가에선 외삼촌만 머구리를 했다. 아들인 외사촌 큰오빠는 어쩔 수 없이 오징어 배를 타게 됐지만 동생들 셋은 모두 바다를 떠나가 살도록 했다.

　그들에겐 고성바다가 밑천이고, 생업이고, 재산이었다. 아야진 항구에 고깃배들이 들락거리던 그 시절엔 인심도 후했고, 인정도 넘쳐나서 푼푼함이 가득했던 때다. 남편을 통해 들은 이야기는 집 집 마다 덕장을 설치해 두고 겨울엔 명태와 도루묵, 양미리를 말렸고, 여름엔 오징어를 손질해 말렸다. 겨울엔 덕장에 명태가 걸렸고, 해안으로 밀려든 도루묵이 많아서 좁쌀을

섞어 식혜도 만들어 김장처럼 저장해 먹기도 하고, 도루묵을 손질해서 바짝 말린 뒤 쪄서 먹거나 난롯불에 구워 먹는 일이 많았다며 추억을 떠올렸다.

우리 집은 고성 바다에서도 멀리 떨어진 서울인데도 외삼촌이 여름내 말려 둔 오징어와 겨울 덕장에서 명태를 말린 북어를 염치없이 서울로 가져와 먹었던 기억이 남아있다. 생각할수록 감사한 기억이다.

바닷가 마을은 평상시는 특별할 게 없다. 하지만 태풍과 풍랑이 불어닥칠 때는 다르다. 주의보가 발령되고 조업이 중단된다. 배들이 바닷가에 접근하지 못하도록 감시한다. 폭풍이 멎을 때까지 불안 속의 휴식이 이어진다. 그럴 때면 마을 청년들은 바다를 핑계로 모여서 자주 만나 놀았다고 하는데, 그때 심심풀이로 각자 집에서 들고 온 장작개비 같은 명태를 방망이로 두드려서 막걸리 안주로 고추장에 찍어 먹었다고 했다.

말린 명태는 겨울 간식이 될 만큼 영양이 많았다. 명태나 오징어가 집집이 넘쳐나서 선물로 몇 축씩 주고받던 시절이 이었는데 다시 생각해도 그립고, 감사할 따름이다. 도대체 그 많던 명태는 어디로 갔을까?

명태는 한대성 어종이다. 동해의 푸른 바다가 지금처럼 수온이 높아지지 않았을 때는 산란 활동과 먹이활동이 왕성하던 황금

어장이었다. 결국 명태가 실종된 사연은 가슴 아프게도 우리들이 만들어 놓은 바다환경과 기후변화 때문이다.

남편은 청간리에서 나고 자란 사람이다. 명태가 아예 씨가 마르기 전까지는 여기저기서 고기 잡는 친구들을 통해 한두 마리씩은 어렵게 구해서 아껴 먹을 수 있었다. 그러다가 동해 앞바다에서는 예전의 그 명태를 단 한 마리도 잡지 못한다는 소식을 듣게 됐다. 남편은 명태가 너무나 먹고 싶은데 어떡하냐고 주변 물색을 하니 고성 거진읍 건어물 가게에서 북한산 명태가 있다는 귀한 정보를 들었다. 부랴부랴 거진읍까지 달려가서 몇 배의 비싼 가격을 주고 북한산 명태로 말린 북어 한 쾌를 샀다.

"야~!! 똑같다 똑같아! 옛날 청간에서 먹던 그 명태야! 러시아 산이 아닌 게 얼마나 다행인지 모르겠어."

그 뒤로도 남편은 명태가 먹고 싶을 때마다 북한산 명태라도 먹을 수 있어 다행이라면서 간성 쪽이든 아야진이든 명태를 찾아 구해 먹었다. 그런데 몇 년 전부터는 그나마 북어라고 생긴 건 단 한 마리도 눈 씻고 찾아볼 수 없었다.

동해에서 명태가 실종된 뒤에 한동안 '명태 살리기 프로젝트'가 있었다.

2015년부터 해양수산부와 강원도 고성에서는 명태를 살리기 위한 여러 방면의 연구와 노고가 있었지만 명태는 돌아올 줄 몰랐다. 어쩌다 한 번 그물에 올라오는 한두 마리의 팔팔한 명태를 통해 산란과 부화의 과정을 연구하고 치어를 방류하기도 했다지만 우리들의 밥상에서는 동해산 명태를 만날 수 없었다.

　명태의 귀환은 절망적이었다. 모든 게 자연의 순리에 어긋났기 때문이라고 내 탓을 해도 너무나 애석하다. 지구 온난화로 빙하가 녹고, 세계 곳곳의 산과 바다가 병이 났다. 한대성 어종인 명태, 오징어, 도루묵은 우리들의 바다를 떠났다. 아니 떠나고 있다. 우리들이 인공적으로 바다의 수온을 맞출 수는 없는 일이지 않는가!.

　아직도 조금은 덜 상처받은 먼, 먼바다 러시아 해안이나 베링해에는 그리운 명태가 살고 있다. 다행이다! 언제 기회가 되면 고향을 떠나 타관 객지서 떠도는 우리의 명태를 만나러 가볼까나 어이없는 상상도 꿈꿔본다.

　청간리 앞 바다는 예전처럼 늘 푸르고 잠잠하다. 갈 때마다 바다는 한적하고 여유롭다. 비가 내리는 바다의 낭만이 진한 커피 향처럼 스르르 피어난다. 해안도로를 따라 반원을 그리며 서서히 명태의 추억을 지나친다. 해안선에 팔딱거리는 명태 꼬리가 무지개처럼 빛난다.

　"명태야 안녕~?~ !
　정말 그립고 보고싶구나!"

4부

노을지는 강가에서

기다림, 2025
그림 | 김미숙 작가

근성 있는 사람

뿌리 깊게 박힌 성질이 근성이다. 사람마다 태어날 때부터 간직하고 있는 그 사람만의 독특한 자질이다. '사람이라면 근성이 있어야지 근성이 없으면 아무것도 안 되는 거야.' 일찌감치 그렇게 근성의 의미를 알았다. 그건 살아가면서 뭔가 묵직하니 마음 깊숙이 지녀야 할 이로운 기운이라고 여겼다. 근성이란 말은 그렇게 좋은 의미였다. 자신만의 저력이고 타인과 비교될 수 없는 자존감이라고 이해했다. 스스로도 내면의 특별한 가능성이나 긍정의 힘으로만 기억했다. 그런데 언젠가부터 근성이란 말이 거슬리고 언짢게 들렸다.

평소 가까웠던 친구가 근성이란 말을 거칠게 표현한 뒤부터였다. 습관처럼 자주 버럭 대는 남편에게 싫은 내색 없이 살뜰하게 챙기는 모습을 보고 남편에게 쩔쩔맨다며 노예근성이 있는 거라고 쏘아붙였다. 글쎄다. 아무리 그 모양새가 답답해 보였어도 그렇지 어쩜 부부로 너영나영 오래오래 살아오는 걸

뻔히 아는 친구인데 대놓고 노예근성 운운하니 마음이 상했다. 친구 말대로라면 아내가 남편에게 할 바를 다하는 게 조선시대 때 존재했던 비참한 신분의 노비들이 했던 행동이란 말로 들렸다. 아마도 그 눈에는 남편에게 한 행동들이 마치 종놈이 상전 대하듯 한 것처럼 보였는지는 모르겠으나 경솔한 그 한마디가 오래도록 불쾌하게 했다.

사실, 가정을 이끄는 남편을 챙기고 살피는 일은 당연지사다. 부부의 인연으로 수고로움과 책임감을 나누는 과정 역시 가정을 지켜내기 위한 아름다운 의무이기 때문이다. 그저 하나가 되기 위한 반쪽의 도리를 다했을 뿐인데 그걸 보고 노예근성 있냐고 하니까 기가 막히고 어이가 없었다. 근성에 대한 무례함은 또 있었다. 한번은 모 행사장에서 홍보를 위해 선착순으로 사은품을 준다길래 얼른 가서 받아 오겠다고 했더니 한심하다는 표정으로 또 한번 울화를 치밀게 했다. 우리나라 사람들은 공짜라면 양잿물도 퍼마신다며 거지근성이라고 흉보듯 한 말 때문이었다. 그것 역시 공짜 좋아하는 내가 꼭 거지 같다는 이야기로 들려서 기분이 엉망이 됐다. 제 딴엔 날 위하고 임의롭다고 그냥 던진 말이겠지 하다가도 곱씹을수록 작정하고 악의 있게 한 말 같아서 몹시 언짢았다.

여하튼 노예근성이니 거지근성이니 하는 표현은 위로가 아니라 무시하는 말투가 분명하다. 그건 근성이란 말을 붙이면 안 되는 말이었다. 국어사전 어디에도 철학 사전 어디에도 '근성'이란 단어가 부정적으로 쓰인 곳은 없었다. 대개는 무슨 일이든 포기하지 않고 쉼 없이 이루어내는 사람들에게 '근성 있다'라고 표현됐고, 대부분 칭찬과 격려의 말로 사용한 경우가 더 많았다. 오히려 남의 것을 내 것인 양 함부로 권력을 앞세워 강탈하고 착복하는 무뢰한이나 파렴치한들에게나 필요했을 낱말, 바로 폭력적인 근성을 가진 언어가 노예근성이나 거지근성이란 말에 붙일 일이었다.

그래서였다. 나는 좋은 의미의 '근성 있는 사람'이라고 자부하기로 했다. 태생부터 하나면 하나, 둘을 헤아리지 못해 맹추 같다는 소리만 들었다. 그러나 한가지, 무언가 적성과 취미에 맞는다고 생각하면 그때부터는 달라졌다. 즐거움을 느끼기 시작하면 그것에 몰두했고 오로지 그것만을 파고들었다. 그렇게 특별한 근성을 가졌던 건 긍정적인 삶이 됐다.

언젠가 아끼는 동생이 조용히 책 한 권을 선물했다. 언니에게 딱 맞는 책이라면서 건네주었다. '착하다는 말 사양합니다.'라는 제목에서 은근히 부아가 치밀다가 페이지를 넘길수록 내 이야기 같아 더 화가 났다.

작가는 세상에서 착하고 온순한 건 타인을 위해 자신을 잃어버리는 미련한 일이라고, 착하다는 말 때문에 자신이 인생의 주인임을 잊지 말라는 내용이었다. 나는 뒤늦게서야 충분한 위로를 받았다.

사실, 사람들과 큰 소리 날까, 먼저 화를 내거나 따져 들지 않았던 이유가 하고 싶은 대로 하면 상대가 싫어하거나 피하게 될까였다. 지내다 보면 대충대충 무시하면서 만만하게 선을 넘어오는 여럿이 있는데, 그것을 넘겨버린 것도 모두가 노예근성이나 거지근성 때문은 아니었다. 미련한 듯 파고들어 그것밖에 모르지만, 나는 평생 그것만 해 먹고 살 만큼 충실하고 굳건한 아성의 근성이 있었기 때문이었다.

한 살씩 더 먹어가도 인정이 많고 눈물이 많다. 그냥 무시해도 될 일상의 사소한 일도 그냥 넘기질 못한다. 지내놓고 보면 모조리 후회될 만큼 바보 같지만, 그냥 좀 흘려 버리거나 포기하면 부담스럽지 않게 된다. 그런 마음의 여유와 넉넉한 여분의 영혼이 넘치는 행복을 주고 있어서였다.

남편은 자질구레한 요구로 날 찾을 때가 많다. 남편이 우선이다보니 주변 사람들과 함께 못하고 쉽게 빠지게 되는 경우가 많다. 그럼 어쩌랴! 다른 사람도 아니고 늘 옆을 지켜주는 남편에게 까짓것 좀 잘 챙긴다고, 남들이 눈꼴시다 흉보고, 노예근성 있느냐고 비난하면 어쩌랴! 그런가 보다 해야지.

봄날의 자화상

사월의 산은 온통 싱그럽다. 산길을 오르며 자기 모습을 추억하려는 사람들이 사진 찍기에 분주하다. 한때는 나도 사진 찍는 걸 즐겼는데 이젠 꽃 시절이 돼 버렸다. 멋지고 아름다운 외모를 자신 있게 드러내는 저들이 사뭇 부럽기만 하다.

물오른 산을 바라보며 동안의 인생길을 되짚어 걸어 본다. 인생은 기쁨의 시간을 소중히 간직하고 슬픔의 시간을 조용히 견뎌내는 일이다. 저마다의 가슴에 묻어 둔 아픔을 싸 안고, 남아 있는 사람들과 따뜻한 인정을 나누는 일이다. 어쩌면 모나지 않은 성품으로 그럭저럭 흉하지 않게 나이를 먹어 가는 일이며 날마다 거울 앞에서 자신의 지난 삶을 반추하는 성찰의 일이기도 하다.

며칠 전, 문득 거울을 보다가 소스라치게 놀랐다. 지나온 삶에서 변해온 얼굴이 일그러지고 사나워 보였다. 무척이나 낯설었다.

나는 성년이 되기 훨씬 전부터 매우 독립적으로 지냈다. 부모님은 다행스럽게도 소질이 있고 없음을 따지지 않았다. 재능을 운운한 적도 없어서 가르쳐 준 대로 순종하면서 무엇이든 독립적으로 해결하려고 애쓰며 살았다. 그냥 성실하게만 살아왔다.

그런데 인상이 조금씩 변해버렸다.

근간에 들어 모습이 흉하고 사납게 변한 이유가 혹시 내 삶의 태도가 바르지 않아서 그런가 하는 두려움 같은 게 생겼다. 한편으로는 억울한 감정도 들었다. 인생을 앞만 보고 뛰어오다 보니 희사나 선행은 외면했다. 뒤 돌아 볼 여유도 없이 오로지 생업을 위해 악다구니로 버텨 온 게 전부였다. 그래서인가 인상이 흉물스럽게 달라져 갔다. 걸어온 인생 때문이라면 좀 더 우아하고 고상한 모습으로 살아볼걸 하는 안타까움이 남는다. 그랬다면 조금은 지적인 이미지로 기품 있게 빛나고 있을지도 모르겠다. 그러나 삶은 현주소이다. 현재의 모습이고 얼굴이다. 남들에게 보이는 낯빛과 표정으로 인생의 굴곡이 드러나는 게 더없는 진실이다.

얼마 전, 강화도 고려산에 진달래꽃 구경을 가게 됐다. 야트막한 산등성이조차 제대로 오르지 못하고 애꿎은 나무작대기 몇 개를 '아야야' 부러뜨리며 지팡이 삼아 겨우 기어서 올랐다. 진달래꽃으로 유명하다니까 그냥 산책삼아 나섰는데 산행이 오래간만이라 몸 따로 마음 따로였다. 인솔자는 동네 뒷산처럼 해발 370m밖에 안 된다고 했다. 그 말에 동네 안마산은 해발 303m라 자주 올랐었기에 만만히 보고 쉽게 걸음을 떼었다가 꽃구경은 엉망진창이 돼 버렸다. 얼굴은 터질 듯 부었고, 만삭의 몸처럼 튀어나온 몸뚱이는 언감생심 사진 한 장 남길 수가 없었다. 정말 볼수록 미련해 보이는 한심한 모습이었다. 제 모양새가 어떤지도 몰랐던 게 더 민망한 일이었다. 동행한 동생들에게는 이만저만 민폐가 아니었다. 정말 꼴이 아니었다. 차마 부끄럽고 창피해서 함께 간 동생들 앞에 처절한 사족보행을 보여 주진 않았지만 대열 후미에서 억지로 걷는 모양새는 목불인견이었다.

분홍빛 군락을 이루어 피고 지던 진달래꽃은 거친 숨을 헐떡이며 땀투성이로 다가와 감탄하는 나를 딱하다 할 게 분명했다. 고통과 분노의 감정, 억울함까지 그림 위에 그려졌다. 다들 산 꼭대기까지 올라가서 달콤한 휴식을 누리고 있는데 나만 꽁무니에 뒤처져서 낙오감과 허탈감에 스스로를 경멸하고 있었다. 폐가 찢겨 나갈 듯 숨이 차올라 벌겋게 달아오른 얼굴은 비참해 보였다. 눈빛 흐려진 몰골과 미련만 가득 담긴 슬프디 슬픈 자화상이 서글픔을 담아 그려지고 있었다.

가끔은 정직하게 현실 속의 나를 들여다본다. 조금은 찌그러지고 조금은 울퉁불퉁하게 뒤틀어져 보기가 싫다. 그러나 어쩌랴! 이게 진실한 내 모습인데, 더욱이 누구도 아닌 내 자신이 바로 현재의 인생을 주도해 왔다는 사실이다. 이지러지고 쪼그라들어 아름답지 않은 모습이지만 타인의 조정이나 간섭으로 삶을 지탱한 적은 없었다. 고통과 위기의 순간들까지 주체는 전부 나 자신 이었다.

거울 앞에 가식 없이 서서 찬찬히 훑어보았다. 흩어지는 정신을 붙잡으려 눈동자에 힘을 주고 서서 반사경으로 들어오는 비어 있는 의식과 몽롱한 눈빛을 정면으로 응시했다. '나이에 맞게 봄직 하니 잘 여물었구나'의 만족스러운 모습이면 좋으련만. 군데군데 구멍이 보인다. 그건 불가항력이었다고 마음을 내려놓았다.

지나간 인생이 화려함으로 반짝거리진 않았지만, 더러더러 괜찮은 사람이라고 존경받기도 했다. 그럼 된 거 아닌가!

어쩌다 보니 사진 한 장이 그대로 찍혔다. 너무도 수수한 자화상이다. 잠잠하게 겨울을 이겨내는 냉이 풀의 그림이다. 가풀막진 곳에 동그란 달래꽃처럼 무심히 피고 지는 무채색의 그림이다.

구슬프게 자화상이 그려진다. 수식되지 않은 삶은 자칫 초라한 그림일지 몰라도 그대로의 나이다. 오히려 자연스럽다.

내 인생은 잘은 익었으나 조금은 시고 맵고 쓴 맛이었나 보다.

부뚜막 소금 넣기 ESG

하늘이 담겨진 의암호 물빛이 무척이나 파랗다. 언제나처럼 춘천 가는 기차는 호반의 침묵을 깨고 달리고 있다. 강호의 도시답게 춘천의 산빛과 물빛은 뛰어나다. 계절마다 자신의 색깔을 바꾸며 무심히 아름다운 자리를 지켜온다. 참으로 감사한 자연이다.

춘천은 서울에서 멀지 않다는 거리상의 이점도 있지만 수도권 가까이 있는 어느 도시보다 관광자원이나 자연 생태의 순환이 잘 지켜지는 곳으로 깨끗함과 온전함이 그대로인 도시이다. 누구라도 살던 곳을 떠나와 새롭게 정착해도 쉽게 적응하며 뿌리를 내릴 수 있는 곳이다. 아리수의 원천인 북한강과 청정 호수들은 그 자체가 춘천의 예술 작품이다. 춘천에는 자연환경을 배경으로 생업을 삼고 살아가는 사람들이 많다. 농산물이나 수산물, 특수작물들을 생육하고 유통하면서 농작물 재배 과정에서 인공적인 농법이 아닌 유기농법으로 작물을 재배하는 농가가 많다.

춘천의 생산 농가에서는 친환경 먹거리를 찾아 직접 발품을 파는 소비자들에게 가격면이나 품질면에서 만족감을 선사한다. 자연의 햇살과 바람, 맑은 물이 키웠다는 말이 맞는 듯 과일은 달고 야채는 싱싱하다. 작년 봄에는 친환경 먹거리를 손수 키우겠다고 자청하며 만천리 쪽에 텃밭을 일궜다. 스무 평 정도 땅을 얻어 밭농사를 시작했는데 그때 초보 농부의 경험을 하지 않았더라면 유기농이니 무농약이니 하는 친환경 농법이 그토록 어렵고 힘든 줄은 몰랐을 것 같다.

땅이 있다고 얻고 싶은 수확물을 농사지을 수 없었다. 감자와 고구마를 심을 때도, 고추와 가지를 심을 때도 내겐 여간 어려운 게 아니었다. 결국 농사의 고수가 된 여러 사람들의 도움을 받으면서 씨앗의 소중함과 발아의 기쁨을 맛 보았다. 식물이 씨앗에서 성장까지 자연이 가르쳐 주지 않으면 아무것도 아니라는 깊은 교훈을 얻기도 했다.

주말농장을 함께 하는 사람 중에는 멋진 환경 지킴이가 있다. 항상 환경의 모든 분야에서 적극적으로 활동하는 그녀는 텃밭 가꿀 때도 비닐멀칭을 하지 않는다. 화학 비료도 일절 주지 않는다. 텃밭에 멋대로 자란 풀을 베어 한쪽에 쌓아 놓고 퇴비로 만들어 유기농으로 작물을 키운다. 나도 그녀를 따라서 음식물 쓰레기에 미생물 발효액을 넣어 나만의 천연 거름을 만들어 썼다. 작물도 잘 자라지만 풀도 신나게 자랐다. 여름 내내 풀에 묻혀서 풀을 뽑다가 땀 한 바가지씩을 흘렸다. 그래도 무농약의 성취는 대단했다.

가끔 커피를 마실 때도 그녀의 환경 사랑은 지극하다. 손수 만들어 들고 다니는 무명 에코 가방에 텀블러 한 두 개씩을 들고 다닌다. 그러면서 카페에서 포장용으로 주는 일회용 컵을 단호히 거절한다. 그 모습이 멋져 보인다. 아름다워 보인다. 그녀는 또 전기차를 타고 다닌다. 누구든지 주정차 때에 그녀의 눈에 띄면 얼른 시동을 꺼야 한다. 그녀는 환경 지킴이답게 직접 키운 수세미를 일일이 나눠 주고, 환경 동아리에서 만든 자연 모기 퇴치액을 선물로 준다.

환경은 말이 필요 없다. '부뚜막의 소금도 집어넣어야 짜다.' 그녀의 환경 사랑을 보고 배우면서도 직접 실천한 건 몇 가지 없다. 이론으로는 다 알면서 말로만 친환경이니 생태 보전이니 지나친 게 많다. 부끄럽다. 나 혼자라도 일회용품 줄이기에 열을 냈다. 일단 음식점에서 종이컵에 물 따라 먹지 말고 밥공기 비워서 물을 먹어야겠다. 자연 수세미로 설거지하고, 일회용 티슈 대신 꼭 손수건을 써야겠다. 자연 수세미로 설거지 하는 일과 일회용 티슈 대신 집에서 챙겨나온 손수건을 써야겠다는 결심이 다시 한번 굳어지면서 언제나 자연은 옳다는 생각을 했다. 가끔 그 옳음에 감사하지 못하고 외면한 사람들이 주파를 던지는 자연의 경고음을 듣지 못할 뿐이었다.

나는 부뚜막의 소금을 이제야 제대로 집어넣으려 한다. 나부터라도 먼저 실행하려 한다. 특히 음식점에서 제공하는 종이컵에 물을 따라 먹지 않겠노라. 마음먹고, 밥공기를 비워서 물을 마시기 시작했다. 또, 손녀 봐주느라 물티슈 사용이 잦았는데 지금은 물티슈를 아예 끊었다. 물티슈의 화학성분이 내 손바닥과 손가락 피부를 갈라지고 벗겨지게 한 걸 확인했기 때문이다. 어른인 나도 이렇게 쓰라린데 연한 아이 피부는 더 말할 필요가 없는 거였다. 정말 많은 사람들이 '부뚜막에 있는 소금도 집어넣어야 짜다.'라는 말에 공감하길 바랄 뿐이다.

지난해는 몸살을 앓는 초록별 지구가 경고를 보내왔다. 여름 내내 춘천의 날씨가 들끓는 걸 느끼면서 양심에 찔려 뜨끔뜨끔 마음이 불편했다. 아름다운 봄 시내 춘천에서 자연환경의 행복을 누리려면 먼저 천연의 아름다움이 사라지지 않도록 잘 지켜야 한다. 지금도 '공회전 금지! 일회용 금지!'를 외치며 듣기 좋은 잔소리로 환경을 지켜가는 환경지킴이 그녀에게 '엄지척' 응원을 보낸다.

애 봐준 공 없어도 좋아

아들이 가정을 이룬 지 5년 만에 제 집을 마련하게 됐다. 말이 좋아 제 집이지 거실, 화장실 빼곤 다 은행이 주인이란 말이 맞았다. 둘이 몇 년을 알뜰살뜰 모으더니 어렵게 입주에 성공하게 됐다. 자식에게 멋진 배경이 돼 주고, 든든한 언덕으로 기대게 하고 싶었지만 뜻대로 맘대로 되지 않아 속이 상했다. 능력 없는 부모가 된 거 같은 현실 앞에 늘 미안한 마음이었고, 층간소음으로 맘껏 떠들며 뛰어놀지 못했던 손주들에게도 미안한 마음이 있었다.

2016년 생인 네 살 손자 녀석은 다섯 살 제 누나보다 훨씬 부산스럽고 노는 주변이 넓었다. 무조건 뛰고 덤벼들었다. 부딪치고 울고 소리를 지르는 통에 잠시라도 눈을 뗄 수가 없었다. 그래서 새로 장만한 집으로 입주하는 것도 축하해 줄 겸, 이사하는 몇 시간이라도 애들 좀 봐줘야겠다 싶어 남편과 원주까지 단숨에 달려갔다. 며느리도 맞벌이라 이사 날짜는 토요일 오후

늦게야 가능했다.

　이삿짐의 사다리차가 오르내리는 걸 보다가 두 녀석을 데리고 동네 키즈카페를 찾아 여기저기 돌아다녔다. 일단 대형마트 안으로 들어가 장난감 하나씩 사주고 시간을 좀 벌었다. 지하 푸드코트에서 간식도 챙겨 먹이고 5층에 있는 키즈카페로 옮겨 가서 이제 본격적으로 놀아주려고 했다. 그런데 정말 생각하기도 싫은 대형 사고가 터져버렸다. 대형마트와 백화점이 같이 있는 건물이 문제였다. 백화점 5층에 가려면 쇼핑 카트는 1층 승강기 앞에 두라고 백화점 직원이 쫓아와 일러주었다. 카트에 실렸던 두꺼운 겉옷들과 장난감들 때문에 남편과 나, 우리의 손은 두 녀석을 하나씩 나눠 붙잡기에 매우 바빴다. 잠시도 가만히 있지 않는 손주 녀석을 남편이 다리로 겨우 막고 섰는데 그새 사단이 난 거였다. 정말 눈 깜짝할 새, 순식간에 일은 일어났다.

　승강기를 기다리고 서 있던 그 짧은 시간을 돌이킬 수 없었다. 할아버지 다리를 붙잡고 대롱거리던 녀석이 맥없이 할아버지 손을 뿌리치다가 제 반동에 작은 몸이 공중으로 올랐다가 떨어지면서 쇠로 만든 카트 막이에 그대로 얼굴을 박아버렸다.
　손주 녀석은 얼굴을 크게 다쳤다. 미간 아래 콧등 윗부분이 움푹 패였고 핏물이 고였다. 너무나 놀라고 당황해서 녀석을 붙잡고 할아버지가 경중경중 뛰었다. 비명을 지르며 펄펄 뛰는 녀석을 부둥켜안고 직원이 알려 준 상가 가정의원으로 달려 갔다. 하지만 주말 늦은 시간이라 치료가 불가능 하다면서 자기네는 응급 장비가 없으니 빨리 큰 병원으로 가라고 했다.

우리가 타고 간 승용차는 백화점에 그대로 둔 채, 큰 거리로 나와 택시를 소리쳐 불렀다. 병원에 도착해 엑스레이를 찍는 그 시간은 애간장이 타는 시간이었다. 응급실 문 앞에서 나는 성호경을 긋고 두 손을 모았다. 제 누나도 할머니를 따라 기도 한다며 두 손을 모았다. 제발 아무 데도 상하지 않기만을 간절히 바랐다. 응급실 의사가 녀석은 괜찮다고 뼈에는 아무 문제가 없다고 했다. 천만다행이었다. 급소 부분을 가까스로 비켜 갔고 얼굴 상처도 아무 이상 없이 아문다고 하니 그제야 안심이 되었다. 할아버지는 자기 가슴을 쥐어뜯고 창백해진 얼굴에 눈물범벅으로 넋이 나가 있었다. 사고 내용을 들은 며느리에게 전화가 왔다.

"어머니~ 너무 걱정하지 마셔요~ 아버님께도 뭐라 하지 마시 고요. 절대로요~"

며느리는 곧 병원으로 오겠다면서 애써 진정하는 데도 목소 리에 울음이 묻어났다.

이사는 무사히 종료됐다. 아들 며느리와 이사를 도우러 온 사 위와 딸, 우리 내외와 말썽꾸러기 손주 녀석 손녀딸, 여덟 명이 새집 거실에 빙 둘러앉았다. 아들 며느리는 우리 내외를 향해 넙죽 절을 한다. 가슴이 뭉클하다. 새집 마련에 가족 모두 도움을 주셔서 감사하단다. 손주 녀석은 언제 그랬냐는 듯 놀잇감에 빠져 있다. 미니 자동차 조정기를 들고 제 누나와 이방 저방으로 뛰어다닌다. 조금 전에 무슨 일이 있었는지를 떠올리자 아찔하다. 한바탕 격렬한 꿈을 꾼 거 같다.

옛말 그른 거 하나도 없다. 한여름에 '파밭 맬래? 애 볼래?' 하면 그 땡볕에도 파밭을 맨다고 한다. 애 보는 일이 그만큼 어렵고 힘든 일이다. 생색 안 나는 일이며 골병드는 일이며 내내 가슴 졸이는 일이다. 그래도 세상에서 가장 아름다운 노동이다. 대가 없어도 마냥 행복한 일이다.

'애 봐준 공 없다'라는 말은 익히 들어 잘 알고 있다. 애 봐준 공 없다고 애들 안 봐주면, 아이들은 누가 봐주게 되는 건지 걱정이다. 할머니가 되고 보니 사랑이 샘 솟는다. '애 봐준 공 없다.'라고 해도 아무런 상관이 없다. 뭔가를 기대하고 애들을 봐주는 할머니, 할아버지는 이 세상에 없기 때문이다.

아기자기 원주

강원도에서 원주는 가장 큰 도시로 꼽힌다. 살고 있는 춘천에서 그리 먼 거리가 아닌데도 특별한 일이 아니면 자주 방문하지는 못했다. 원주는 도에서 가장 인구가 많다는 게 실감 날 정도로 도시의 규모도 크다. 인구가 많은 도시답게 시내 중심에 쉽게 접근하도록 국도와 고속도로, 철도까지 여기저기 쭉쭉 뻗어 있다. 사통팔달 역동적인 모습에 활력이 넘친다. 마음만 먹으면 어디든 시원하게 달려갈 수 있다.

가끔은 멀리 떨어져 있는 친구들과 동쪽 바다나 서해안으로 여행을 갈 때 중간지점으로 정한 곳이 바로 원주다. 잠시 들렀다 가는 휴게소처럼 떠나기 전 일정을 계획하고 의논할 때 원주 인터 체인지 쪽에 무료 주차장에 모인다. 그 다음에 다시 한 차로 옮겨 여행길을 떠난다. 장시간 주차에 대한 걱정이 없어서 여행길이 정말 즐겁다.

여행에서는 일단, 금강산도 식후경이다. 원주 터미널 근처에는 요깃거리 채울 수 있는 맛집이 즐비하다. 베이커리 카페, 해장국, 장칼국수, 산나물 비빔밥까지 온갖 먹거리가 눈과 입을 호강시킨다. 거기다 테이크아웃으로 커피를 장착하면 여행지로 출발이다. 모두가 쉽게 모일 수 있고, 한번에 원하는 걸 구할 수 있어 편한 장소가 원주이다.

원주가 살갑게 느껴지는 특별한 이유는 바로 아들 며느리가 살게 된 곳이라 그렇다. 아들네는 신혼 때, 춘천에서 한두 해를 살았는데, 며느리 입장에선 시댁이 가까운 게 조금 부담스러웠던 것 같았다. 그런 눈치가 보여서 아들더러 멀찍이 떨어져 살아 보자고 했다. 기다렸다는 듯 아들네는 원주로 후딱 이사를 했다.

처음엔 문막 쪽에 셋방을 얻어 얼마 동안은 고생스럽게 살았다. 그래도 시댁과 멀어져 그런지 더없이 행복해 보였다. 아들네는 원주로 간 지 몇 해 만에 기업도시에 새 아파트를 장만했다. 도심에서 약 15km 떨어진 곳이라 아이들이 다닐 유치원이나 초등학교, 큰 병원 같은 게 걱정이 됐다. 그런데 그건 기우였다. 기업도시 자체가 좋은 동네라는 걸 곧 알게 됐다. 생각보다 공공주택 가격이 싼 편이고, 그에 비해 생활 편의시설이 잘 돼 있어 아이들 키우기 좋다며 며느리도 맞벌이를 시작했다. 무엇보다 아파트 단지 안에 세이프 존이 있어서 더 안심됐다.

아직은 초등학교 1학년과 일곱 살이라 돌봄이 필요한데 다행히 방과후 돌봄과 유치원 돌봄이 가능했다. 두 아이는 학교와 유치원을 마치고 태권도와 줄넘기 학원에 다녀온다. 학원 통학차가 아파트 정문에 내려주면 놀이터에서 엄마가 올 때까지 20여 분을 자기들끼리 놀게 된다. 이때 아파트 관리소는 세이프 존 안에 있는 애들을 보호해 준다니 맞벌이 부부에겐 큰 힘이 되는 거였다.

원주는 생활 속에서 끊임없이 시민의 편익을 도와 움직이는 도시다. 시민과 함께 새로운 가치를 창출한다. 무한한 생명력이 숨 쉬는 아름다운 곳이다. 도심 밖 교외의 예술 문화공간은 비예술인도 예술인도 맘껏 원하는 바를 체험하고 창작할 수 있도록 적극적으로 지원한다. 타도시 사람들도 그런 예술제에 부담없이 놀고 즐기게 된다.

원주의 축제는 시끌벅적하고 아기자기하다. 한지 축제나 황골의 엿 축제도 풍성했다. 해마다 거리에서 열리는 따뚜 공연과 만두 축제도 보고 즐길 게 많다. 시민들의 호응이 좋아 축제로는 성공적이다. 아이들도, 어른들도, 타지의 축제 참가자들도 마음껏 축제를 즐기게 된다. 가끔 한지 축제에 다녀오는데 가족 단위 참여가 특별하다. 가족이 함께 체험한 오방색 귀한 한지가 새로운 공예품으로 태어나고 일상에서 활용되는 한지의 변모에도 감탄하게 된다.

나는 춘천에 살고 있다. 전국에서 가장 아름다운 곳이 아닐까? 살고 싶은 곳이 아닐까? 하는 자긍심을 느끼고 산다. 그러면서 이웃 동네 원주 또한 아기자기 살기 좋은 도시라는 걸 인정하려 한다.

좋은 곳에 사람들이 모여드는 이유는 똑같다. 높은 삶의 질과 행복지수이다. 불편함 없이 편안하고 안락하게 살고자 함이다. 도시는 시민이 진정으로 원하는 삶의 터전이 되도록 도시와 시민이 함께 가꾸어야 할 희망이다. 아름다운 춘천, 아기저기한 원주, 두 곳 모두 정말 살기 좋은 도시이다.

내 이름 아세요?

세상에 이름이 없는 존재는 없다. 하릴없이 나부끼는 바람에도 이름이 있다. 봄바람, 가을바람, 높새바람, 하늬바람. 시름을 놓고 주저앉은 머리 위로 시원스레 바람이 불어온다. 장마라는 이름을 앞세워 움직이더니 멀리서 비를 몰아오고 있다.

어제는 휴일이라 수원으로 나들이를 갔다. 곳곳에 자기 이름을 제대로 보고 운전하라고 이정표가 줄지어 지나간다. 춘천 휴게소, 홍천강 다리, 만종 분기점, 강릉 방향, 서울 방향 이렇게 쓰여 있는 이름을 잘 보고 진입하란다. 초록색, 분홍색, 하늘색 색깔도 선명하게 동수원, 하이패스, 영통구청까지의 유도선이 시야에 들어온다. 집을 나와 잠깐씩 다른 곳으로 이동할 때도 이렇게 세세한 이름들로 안내를 해주니 새삼스럽다.

세상이 변화되면서 이전에 이름들이 새롭게 명명되었다. 국가기관이나 시설의 이름도 새 이름을 달았다. 의식하지 못한 채 예전 부르던 대로 이름을 말하면 어디를 말하는지 알아듣지 못할 때도 있다.

　문교부도 1948년 처음에는 교육과 문화, 체육 부분까지 관장한다는 내용을 담아서 이름을 지었다. 그 뒤로 문화 예술 부문은 따로 분리되어 공보부란 곳이 맡았고, 1990년까지 그냥 문교부로 남았다. 세월이 흐르면서 그 뒤엔 교육인적자원부, 또 교육과학기술부, 미래창조과학부가 이어갔다. 그러더니 2024 지금은 또다시 교육부로 부르고 있다. 교육부의 이름이 문교부가 됐든, 미래창조과학부가 됐든 하나도 중요하지 않다. 그저 살면서 달라지는 이름들을 듣고 의미를 파악하면 그뿐이다. 그런데 이렇게 같은 의미의 이름들은 정권이 바뀔 적마다 다른 이름으로 부르게 된 거였다. 그 이유가 뭔가 특별하거나 뚜렷한 목적이 있었는지 수긍이 되지는 않는다.

　2007년, 전국의 동사무소는 주민자치센터로 이름이 바뀌었다. 그 당시 이름을 새로 짓는데 175억이 지출됐다는 기사를 읽었다. 적잖이 놀랐다. 더 놀란 건 바로 다음 해에는 행정복지센터로 이름이 또 달라졌다는 사실이었다. 거기에도 정말 거액의 돈이 들어갔다. 그냥 국민 알 권리 차원에서 사실을 알았는데, 뭔가 좀 씁쓸하다. 동사무소나 주민 자치센터, 행정 복지센터의 바뀐 업무가 과거와 크게 다르지 않다. 민원실 풍경도 같다. 이름만 줄줄이 동사무소에서 주민 자치센터로, 다시 행정 복지센터로 바뀌었다. 하지만 대다수의 사람은 그렇게 어마어마한 돈을 들여 기관의 이름들이 바뀐 사연은 잘 알지 못하는 것 같다.

시간의 흐름에 따라 쓰는 말이 달라지고 이름이 바뀌는 건 당연하다. 직업에 관한 이름들도 이전과 달리 부르게 된 경우가 많다. 얼마 전, 텔레비전 공익광고에서 잠깐 봤는데

"아줌마! 아니고, 요양보호사!"

라며 그 이름을 강조하며 전문성에 대해 강하게 전달하고 있었다. 새로운 이름도 처음에는 어색하지만 사이사이 삶 속에 파고들면 자연스럽게 예전의 향수와 가치를 느끼게 된다. 나쁘지 않다. 다만 새 이름을 명명하는 데 시간이 들고 큰돈이 소용되니 흔쾌함이 없다는 점이다.

몇 년 전에 가까운 친구가 인숙이에서 서현으로 쓰던 이름을 바꿨다. 새로 이름을 지었으니 자주 불러줘야 하는데 어색하고 낯설어 자꾸 전에 부르던 이름을 그대로 부른다. 친구는 듣기 싫다며 새롭게 바뀐 서현이란 이름으로 불러 달랜다. 그런데 새 이름이 입에서 잘 안 나온다. 그냥 친구 이름을 부르지 않고 별명을 부르고, 옛 이름을 말하게 됐다. 새로 만든 이름이 우리들 연배에 맞지도 않거니와 그 친구 분위기와 하나도 안 맞는 느낌이 들어서였다.

이름은 지면에서보다 입에서 입으로 부르고 불린다. 그게 더 정감이 있다. 그래서 부르던 대로, 술술 나오는 대로 부르는 게 더 좋다.

"저건 바다야. 저건 음매 소고, 저건 봉숭아 꽃 이란다."

나는 한창 말을 배우는 다섯 살 손녀에게 무수히 많은 자연의 이름을 알려 준다. 다시 한 번씩 아름답고 신비한 이름들을 따라 하는 청아한 아이의 목소리가 피아노 소리처럼 까랑까랑 퍼져 나온다. 생명력이 느껴진다.

사람들이 소통하며 자주 부르고, 서로 이해할 수 있는 건 말소리 때문이다. 수많은 말 가운데는 진심을 부르는 이름들이 오가며 관계를 완성하는 위대함도 들어있다. 이것, 그것, 그 사람, 저 사람, 그대와 너라고 부르는 지시 대명사 말고 고유의 매력과 개성을 간직한 특별한 존재가 바로 이름이다. 정확히 말하자면 인간이 다른 사물과 구별 짓고자 만든 하나의 단어가 바로 이름이다.

하루가 멀다고 새로움이 쏟아진다. 돌아서면 잊어먹고 기억하지 못하는 옛 이름들이 사라지고 있다. 저게 뭐였더라. 저 인물이 누구였더라. 혹시 그 이름 아세요? 입에서 맴도는 많은 이름이 제 이름 불러주기를 기다리고 있다. 조금 전에도 피서가서 입을 수영복 이름을 물어봤다. 원피스, 비키니, 그것 말고 시원하게 물놀이할 때 입는 기능성 수영복? 아하!! 래쉬 가드라고 하는 거 말이구나!

세상에 존재하는 수많은 이름에 관해 묻고 가만히 불러본다. 책이라는 이름도 좋고 춘천이라는 이름도 좋다. 또 별과 달님이란 이름도 좋다. 비로소 자연과 사물과 사람의 눈을 바라본다. 그 실체를 알아본다. 이제야 잠자고 있던 이름들이 빛난다.

제 이름은 아시죠?

또 다시 봄

빨간 노을이 강물을 물들인다. 밤으로 가는 시간, 잠들어 있던 별들이 떨치고 일어난다. 해는 짧아지고 시간은 도망치듯 달아나고 있다. '봄이 왔구나.' 했는데 더위도 장마도 순식간에 사라졌다. 가을바람 속에 휘리릭 멀리 날아갔다. 곧 추운 겨울도 갈 테고, 다시 또 새로운 훈풍이 불고 봄이 오리라.

그랬다. 가을은 겨울을 품고 기다렸다가 그 끝에 봄을 매달고 왔다. 아이들 겨울방학도 스키캠프도 봄을 위해 마무리되고, 입학이니 취업이니 하던 목전의 꿈들도 화창한 봄을 맞이했다. 봄은 새로움의 시작이다.

처음 무언가 되기 위해 다짐한 그 마음은 값지고 소중하다. 다들 무엇이 되고 싶어서가 아니라 그저 어제보다 나은 행복한 삶을 원했던 게 전부였다. 예전에는 자신이 되고 싶은 게 있어도 사정이 허락되질 않았다. 일찌감치 제 갈 길 찾아 사회생활을 하든 주경야독을 하든 쉬운 건 하나도 없었다. 지금처럼 좋은 형편에 학원이니 과외니 하면서 유학까지 맘대로 밀고 나갈 수 없었다. 그건 제 형편과 분수를 알아서였다. 희망 사항이 소원대로 이루어지지 않아도, 그리던 꿈에 구체적으로 다가서지 못해도 그저 그랬다. 낙심하거나 불평할 줄 몰랐다. 어렵게 공부하고 힘들게 아르바이트로 용돈을 벌어 충당하던 그런 시절은 꽤 오래도록 이어졌다.

삶의 가치를 가치 있게 하는 건 혼자서만 할 수 있는 일이 아니었다. 부모의 능력이 미래의 자산이 되고, 물려받은 상속도, 배우자의 형편도 다 자산이 되는 세상이 됐다. '겉보리 서 말만 있어도 처가살이는 안 한다.'라고 했던 말들은 정말 속담에서나 있는 말로 현실 속에서 묻혀져 갔다.

내 인생에도 화사한 봄볕이 들기를 바랐다. 하늘에서 내려 올 동아줄의 기회를 간절히 기다리기도 했다. 봄이 바뀔 적마다 이가 빠진 동그라미처럼 시리고 아픈 적이 많았지만 굽이굽이 고비를 잘도 넘어왔다. 조물주가 인간을 창조할 때, 귀한 생명 지키라고 숨 떨어지지 않을 만큼만 고통을 주고, 버틸 만큼 희망을 준다더니 과연 그랬다. 정말 그렇게 얼어있던 시절은 젊음과 청춘의 패기가 채우며 살아날 기회를 주었다.

삶의 기회는 어떤 걸까! 영국의 처칠은 기회에 대해 상당한 용기를 갖도록 말한다.

'비관주의자는 모든 기회에서 어려움을 보고 낙천주의자는

모든 어려움에서 기회를 본다.'

라고 했다. 어디선가 들었는데 인생에는 반드시 세 번의 기회가 존재한다고 한다. 나에게 첫 번째 기회가 도대체 언제였을까 알지 못했지만 그걸 놓쳤다고 두 번째 기회를 알아차린 것도 아니다. 죽기 전에 세 번째 기회가 오리라는 희망 고문이 시작 되었다.

'높이 나는 새가 멀리 본다.'

소설가 리처드 바크는 갈매기 조나단을 통해 완전한 생애로 이끄는 기회를 알려준다. 그 호재를 잡은 조나단은 꿈과 이상 을 향해 자유로운 비행을 즐길 수 있도록 도전과 용기를 전달 한다. 자신은 다른 갈매기와 구별되는 특별한 존재가 됐고 새 로운 영역에 도전했다. 배우고, 발견하고, 자유롭게 되는 것, 그것이 삶이고 존재의 이유가 된 거였다. 가슴 벅찬 삶과 생존 의 이유이다. 묵은해를 보내고 다시 새해를 만난다. 어제는 작 년이라 오늘부터 새롭게 시작하려 마음을 먹는다. 사뭇 다른 느낌으로 새해 달력에 '1월 1일'이란 숫자가 새빨갛게 도드 라져 눈길을 끈다.

새 다이어리를 열어젖혔다. 신년 계획을 써 보는데 어쩜 작년 거랑 똑같이 토씨 하나 안 틀리고 '다이어트 10킬로 감량'이다. 십 년째 똑같은 목표다. 피식 웃음이 나온다. 그런데 또 봄이다. 무엇이 되고 싶다고 꿈꾸었던 아름다운 시간은 아직도 유효한 거였다. '새해가 되면 시작해야지, 봄부터 꼭 할 거야!'라고 다짐했던 마음으로 새봄을 누리고 싶어졌다. 진심 어린 위로와 달달한 칭찬을 받는 그런 시간이 필요해졌다. 그건 조나단처럼 특별한 마음만 먹으면 되는 일이었다. 이루어지지 않아도, 이루어지길 바라는 꿈만 꾸어도 족한 거였다.

다시 겨울을 보내면서 잠재된 특별함을 발견했다. 생동감으로 자신만의 우주에 만족하는 일, 모두의 안녕과 평화를 구하는 일 등이 나에게 특별함을 부여할 수 있는 일로 모두 동기가 된다는 걸 새삼 깨달았다.

수필을 쓰는 일은 새봄을 맞이하는 생동감 있는 시간이다. 기회가 올 때마다 일상을 벗어나 쉼을 찾는 여유로움은 조용히 사색할 수 있는 귀한 시간이 됐다. 나아가 봄이 오면 해보고 싶었던 몇 가지 중에서 한국무용을 배우는 과정도 특별하게 즐거운 일이 됐다.

국악의 가락과 장단에 맞춰 치맛자락을 채며 부채를 펼쳐 들었다. '풍속도' 춤사위에 맞춰 한량을 유혹하는 기생의 몸짓이 애교스럽다. 겹 디딤의 버선발로 간들간들 걸어가며 쌩긋이 한량을 돌아본다. 숨을 들이고 팽그르르 돌아, 한바탕 부채춤으로 신명이 나게 날아오른다. 더없는 만족이다. 또다시 봄이다.

수다가 힘이다

  정월 초하루를 기꺼이 맞이했다. 불가항력으로 밀려온 시간을 슬퍼할 수는 없는 일, 오히려 쌓이는 나이테를 자랑하기로 했다. 우선, 여인들의 명절이라는 정월 대보름을 앞두고 수다스러운 이웃들을 불러 을사년 정초 모임을 시작했다. 행복을 기원하는 덕담과 무탈하게 한 해를 보내고 가정마다 소원이 성취되기를 바라는 수다를 나누었다.

  한동네에서 십여 년을 살갑게 지내온 수다꾼들이 있다. 수다의 주역인 그녀들을 통해 좋은 추억과 사연을 간직하게 된다. 하루하루 소소한 걱정거리며 세간의 놀랄 일들이나 일상에서 유익한 정보를 공유하기도 한다. 어떨 때는 사사로운 가정사를 듣기도 한다. 삼대가 덕을 쌓아야 가능하다는 주말부부 이야기도 듣고, 조용하고 내성적이었던 아들이 해병대에 자원 입대한 용감한 이야기나 취준생 자녀가 대기업 마다하고 차근차근 단계적으로 성장하겠다며 중소기업을 선택했다는 대견스러운 취업 스토리를 듣다 보면 저절로 수다 삼매경에 빠지게 된다.

가만히 바쁘게 흘러가는 시간을 돌아보면 이렇듯 언제나 곁에는 정겨운 이들의 손길이 있어 감사하다. 그림자처럼 가까이서 함께 기뻐하고, 궂은일에는 따뜻함을 챙겨주는 이웃의 아낙네들이다. 그녀들에게서 풍겨오는 은은한 커피 향과 속닥거리는 수다의 소리가 구수하다.

수다는 관심이고 애정이다. 멀리 살던 곳을 떠나와서 춘천에서 새롭게 터를 잡았을 때, 정 붙이고 사는 게 쉽지 않았다. 기차를 타고 놀러 다닐 때와는 달리 막상 춘천에서 생업을 갖고 살려고 하니 무척이나 낯설었다. 어떻게 살아야 할지 한동안 뿌리를 내리지 못하고 방황했다. 새롭게 일을 시작할 때도 기준을 세우지 못했다. 나는 많이 슬퍼했고 외로워했다. 그렇게 지치고 고달플 때, 힘을 내라며 다정한 손을 내밀고 말을 걸어준 사람들이 바로 그녀들이었다. 조건없이 따뜻한 위로와 격려를 건넨 은인이었다.

수다 꽃은 항상 사소한 고민과 가정사로 시작된다. 수다의 내용이 가끔은 당황스러울 때도 있지만 대개가 일상의 새로운 변화를 이야기한다. 가전제품을 바꾼 이야기며 욕실 리모델링을 가성비 좋게 시공한 내용과, 최근 유행하는 신박한 생활용품 정보를 알뜰하게 전해 준다. 그녀들을 만나면 세상 돌아가는 이야기를 가만히 앉아서 편하게 듣게 된다. 중요한 건 수다의 기본은

믿음이고 격려라는 사실이다. 소상한 아침 문안부터 사적인 고민과 남모르는 속상한 일들도 비밀은 모두 유지된다. 수다방에는 그렇게 나름의 원칙이 있다. 서로의 생활양식과 방식을 존중한다. 그리고 각각의 직업군과 개성을 존중한다. 수다 참가자 모두는 사회와 가정에서 핵심 역할을 담당하는 훌륭한 사람들이다. 시사 문제나 교육 문제, 사회복지 문제 등 수다의 주제를 통해 시대의 흐름과 분위기를 파악하고 도움도 얻는다.

주변에서 혹시나 먹고 살기도 바쁜데 팔자 좋게 수다 떨 시간이 어디 있냐고 눈을 흘긴다면 그건 참으로 오해다. 수다가 만발할 만큼 날마다 호사를 누리지는 못한다. 휴대폰 수다방에서 먼저 시간 조율을 통해 공집합이 가능할 때야 수다의 힘이 발휘된다. 이렇게 나름의 일과 삶을 성실히 병행하는 이웃들이 수다 모임의 실체다. 정말 바르고 반듯한 사람들이다. 세상을 원망하지 않을 정도의 자존감이 있고, 민폐 끼치지 않을 정도로 책임감이 강하며 정의로운 마음으로 세상을 묵묵히 걸어가는 사람들이다.

수다를 위한 찻자리는 언제나 설레고 즐겁다. 간밤까지 고구마 백 개 먹은 것처럼 꽉 막힌 가슴속이었지만 폭풍 수다로 쨍한 사이다 한 컵 벌컥벌컥 들이마신 듯 속이 뻥 뚫린다. 머릿속까지 시원한 소통으로 후련해진다.

수다의 미덕에는 양보와 배려가 숨어있다. 수다를 위해 달려

나온 그녀들의 답답한 심정을 어루만져 주려면 기다림의 미덕이 우선이다. 진심을 갖고 인내심으로 끝까지 경청해야 대화가 성사된다. 적극적으로 호응하며 응수해 주고 상해버린 마음을 쓰다듬어 위로하는 이가 진짜 수다쟁이다.

수다는 고급스러운 단어는 아니다. 국어사전을 열면 수다는 '쓸데없이 말이 많은 것'이라며 수다에 접미사가 붙어 빠르게 말을 주고받는 이미지이다. 대개는 수다쟁이라고 흉을 보거나 수다 좀 떨지 말라고 무시한다. 하지만 수다는 엄연한 발화가 이루어지는 화자와 청자의 담화이다. 분노와 상처, 스트레스를 쌓아 두는 것보다는 오히려 심리적 고통이나 압박을 해소하고 마음을 달래주는 수다꾼의 역할은 인생의 돌파구가 된다.

수다는 내게 있어 인생의 꽃이고 동력이다. 함께 공감하고 나누어 갖는 행복이다. 그래서인지 수다의 순기능과 효과는 매우 긍정적이란 사실에 이의가 없다. 지친 하루가 버겁거나 누군가의 따뜻한 위로가 필요할 때, 나는 그녀들이 내민 손을 덥석 잡곤 한다. 대지의 온갖 에너지가 충전된 듯 나누는 찻잔 속에 의욕과 용기가 가득 찬다. 정말 고맙고 따뜻하다. 소중한 이웃 사촌들, 그들의 수다가 더없이 편안하고 구수하다.

말 걸어오는 다리

희뿌연 안개 속으로 드문드문 불투명한 물체가 눈 안에 들어
온다. 다리다! 소양 2교를 건너다 미끄러지듯 차를 세웠다. 쌀
쌀한 강바람이 새벽 공기를 휘감고 돌아 물기 먹은 다리 난간
은 얼음처럼 차갑다. 꿈속인 양 다리는 아직 안개의 중압감에
서 눈을 뜨지 못하고 있다. 정신을 차리는 순간부터 뿌연 불투
명의 혼돈을 헤치고 세상의 고민을 들어야 하는 거였다. 재갈
거리는 물살의 잔소리에 귀를 내어주고, 일상의 반복에 신물이
난 듯 체념하고 있다.

불현듯 '다리가 말을 걸어왔다.'라는 주제로 청중을 사로잡던
어떤 초등학교 교사의 강연이 떠오른다. 사람과 사람 사이에서
도 선뜻 말을 걸어오는 일이 쉽지 않건만 사람이 만들어 놓은
강 다리가 먼저 말을 걸어 왔다는 새로운 사실에 몹시 설렜던
적이 있었다. 그때의 기억이 결국 이곳에 발을 멈추게 한 거였다.
도대체 그 다리는 어떻게 생겨났고, 무슨 이유로 사람들의

발걸음을 멈추게 하고 마음을 열게 했는지 궁금했다. 그러면서 혹시 강 다리와 마음속의 은밀한 대화는 가능할까? 기대감도 없지 않았다. 그때를 떠올리며 조심스럽게 다리 한가운데로 걸어갔다. 다리 난간에 손을 올리고 악수를 건네려 팔을 걸었다. 슬그머니 몸을 기대면서 '내가 왔다.'라고 아는 체를 했다.

  나도 누군가처럼 가슴속 답답함을 날려버릴 몇 마디의 말이라도 나누고 싶어서 왔노라고 수줍게 고백했다. 다행인지 다리 위엔 아무도 없었다. 사방의 침묵이 고요를 넘어 적막하기만 하다. 이따금 들리는 자동차 소리조차 숨죽이니 말 걸기가 사뭇 쉬워졌다. 이제 이렇게 다리 위에 서고 보니 무슨 말이든 쏟아 낼 용기가 생겼다. 다리는 초라한 나의 변명을 들어주고 진심을 담아 내 마음을 위로하고 있었다. 정말로 사람과 다리가 교감할 수 있다고 했던 그 교사의 몇 마디가 따뜻함을 전해주기에 충분했다.

  '말 걸기'로 모든 다리의 명성을 알린 사례의 그 다리는 새롭게 태어난 서울의 '마포대교'를 두고 한 말이었다. 1970년 착공될 당시 다리의 첫 번째 이름은 마포대교였는데, 1984년부터 '마포대교'로 바꾸어 불리었고, 2012년 8월부터는 다시 한번 이름을 달리해 '생명의 다리'로 태어나면서 사회와 가정으로부터 소외된 사람들의 대화 상대가 되고 있었다. 수많은 그들이 자칫 잘못된 순간의 판단으로 세상의 모든 끈을 놓아버릴까 안타까워

가장 부드럽고 가장 따뜻한 말로 말을 걸기 시작한 다리였다. 다리는 40여 년을 침묵 속에서 비통과 분노를 지켜보았다. 쉼 없이 강물이 흐르는 동안 아름다운 영혼들이 꽃잎처럼 강물 위로 제 몸을 날릴 때도 어쩔 수 없는 자신의 무능함에 괴로워하며 자책했다. 그때마다 다리는 무한한 안타까움에 소리 내 울었고 참담함에 몸부림쳤다. 더 이상은 절망의 상징으로 서 있을 수 없었던 다리는 죽음을 이르는 낙화의 반어, '생명'이라 부르는 이름으로 다시 태어났다.

담담히 흐르는 한강을 내려다보면서 오랜 세월을 묵묵히 지켜낸 사연 많은 다리, 끊임없는 아우성과 넋두리로 사금 사금 속이 썩고, 와르르 가슴이 무너져 내렸던 통탄의 다리였다. 죽음을 목도한 처참함 앞에서 물살에 떠밀려 온갖 푸념과 원망이 사라져 버릴 때까지 꼼짝하지 못했다. 비통함을 안고 한숨과 좌절을 고스란히 겪어야만 했을 가슴 아픈 다리였다.

'생명의 다리'는 말 그대로 마포에서 여의도를 잇는 천사백 미터 생명의 줄이었다. 수없이 많은 사람들이 스쳐 지나간 곳이다. 그중 허공에 꽃잎이 된 영혼들은 백 명이 넘어섰다. 그러다가 자신에게 붙여진 '자살 다리'란 오명을 더는 묵인할 수 없다고 입을 열었다. 다리는 세상과 함께 버텨주고 흘러가며 소통하려 했다. 더는 가슴 아픈 일들이 없기를 바라는 간절한 마음으로 먼저 손을 내밀었다. 마음 둘 곳 없어 방황하고 슬퍼하는 외로운 사람들에게 말 걸기를 시작한 거였다.

소양강은 새벽을 벗고 의연한 아침을 맞는다. 다음을 준비하기 위한 시간들 앞에 서서 말을 걸어온다. 이따금 다리 위에 서 있는 내가 신경 쓰이는지 찢어지게 경적을 울려 난간에서 몸을 떼게 한다. 세워둔 자동차 쪽으로 돌아서려는데 다리가 자꾸 말을 걸어온다.

'밥은 먹었냐? 어디 아픈 건 아니냐? 고민이 있느냐? 피곤하지 않냐?'

세세히 묻는다. 서울의 그 다리처럼 다정함과 따뜻함이 전해 온다. 친구처럼 연인처럼 진솔하고 다정하게 말을 붙여 온다. 다리 난간에 온기가 전해진다.

다리는 나에게 끝을 보여주지 않았다. 냉정하고 무관심한 사람들의 가슴을 두드리며 시작을 알려 주려고 했다.

"지금 가장 보고 싶은 사람이 있어? 전화 한번 해 봐."

라고 말을 건다. 낙심해서 찾아온 슬픈 영혼들이 갈 길을 찾도록 안내한다. 누구든 한 번쯤은 다리 난간을 붙잡고 일순간 자신을 놔 버리려 했던 어리석음이 있었을 거란 생각이 든다. 그럴 때 누구라도 다정한 '말 걸기'의 용기를 낸다면 고귀한 생명을 살리는 아름다운 치유가 될 것 같다.

노을지는 강가에서

주황빛 노을이 강을 지나간다. 찬란했던 한낮의 광채를 녹여 낸 뒤안길엔 보랏빛 저녁이 채색되고 있다. 하루의 노동과 무사함에 감사한 시간이 흐른다. 백로가 지난 보름 전부터 해 뜨고 해 넘기는 시각이 달라졌다. 늦게 밝아지고 일찍 어스름해진다. 덩달아 나의 움직임도 달라졌다. 아침에 눈 뜨고 잠자리에 드는 시간도 제멋대로다. 세월 때문이다. 그래서인지 세간에 유행되는 '내 나이가 어때서'란 노랫말이 유독 거슬리고 공감할 수가 없다. 더욱 그런 것은 서너 장 매달린 달력을 보면서 내 나이가 뭐 어떠냐고 목소리를 높여 반응하고 싶지는 않다. 어쩐지 안타깝고 어쩐지 씁쓸하다.

내일을 향해 저물며 서서히 옅어지는 저녁노을 속엔 프랑스의 화가 밀레의 '만종'이 들어있다. 하루를 감사로 맺는 고개 숙인 부부의 모습에서 자연에 대한 숭고함과 평화로움이 느껴진다. 들판에 울려 퍼진 저녁 종소리는 힘든 노동을 끝낸 모두에게 휴식을 선물한다. 나는 밀레를 생각하면서 저녁 들판의 노을빛마저 하루를 정리하고 내일을 준비하는 시간의 배경이 된다는 사실에 저절로 고개가 숙여졌다.

누구나 젊음이 배경이었던 때는 땀과 정열로 패기 넘치는 하루를 보내게 된다. 나도 그렇게 보낸 젊은 시절이 있어 후회보다는 보람된 일에 대한 기억이 아련하다. 그래서인지 노을이 지는 저녁 빛깔과 함께 어우러져 고운 자태로 남아있길 원한다. 지나온 삶의 시간들은 곱씹고 새김질할 만큼 충분히 여물어졌다. 노을처럼 고요하고 우아하기까지 하니 더 바랄 건 없다.

사실 나는 남들보다는 아침을 늦게 시작한다. 그래서인지 빠른 속도로 하루해가 달아나 버린다. 늦게 자고 일찍 일어나지 못하는 습관 때문에 머물사이 없이 빠르게 지나가는 시간 시간이 늘 아쉽기만 했다.
여름 지나고 가을 오듯 내 인생도 이미 가을이 되었다. 반짝이던 젊은 날의 하루는 한낮 대단한 열기로 모든 걸 집어삼킬 태양 같았다. 대가없이 뜨거움을 쏟아냈던 그런 시절이 분명히 있었다.
인생은 저녁노을처럼 아낌없이 다 태워내고 저물어가는 붉은 여운의 모습이다. 지극히 자연스럽다. 스스로 대견할 만큼 주어진 삶에 책임지고 떠밀려 살지 않았다. 삶이 위태하고 흔들릴 때마다 굳건히 나의 성을 지켜냈고, 지켜내야 할 만큼 나의 존재를 부각시킨 사랑하는 사람들이 있었다. 아니 하나, 둘 늘어났다는 표현이 맞다. 감사한 그네들을 아끼고 닦으면서 나의 찬연한 빛과 끼는 저물고 있는 황혼처럼 빛을 발했다.

태양광선이 대기를 통과하면서 파장과 산란이 생겨난다고 한다. 대기를 지나가는 동안 파장이 짧은 파란색 광선은 이미 사라지고 끝까지 버티어 남아있게 된 빨간 광선이 하늘을 붉게 물들여 놓게 된다.
결국 아름다운 노을빛은 숨어있는 기다림의 결실이었다. 조용히 때를 기다려 저녁노을이 등장한다. 오늘을 쌓아놓은 결정체를 남겨두고 다음으로 넘어간다. 수많은 시간의 왕래에 부끄럽지 않을 공적을 내세우지 않는다. 그리고 자기 차례를 기다려 우주의 신비를 펼친다.

강가에 서서 바라보는 저녁노을은 대단하다. 자연현상의 한 장면으로만 보고싶지 않았다. 세월을 지나온 우리들의 삶처럼, 하루를 멋지게 살다 막을 내리는 노을빛은 인생의 황혼길 처럼 멋지고 자랑스러워졌다.
언젠가부터 사람들은 백 세 인생을 당연해한다. 그 이상의 장수도 꿈꾼다. 대단한 생명력이다. 하지만 누구라도 세월을 따라 황혼의 인생길을 거치고, 처음의 자연으로 돌아갈 채비도 하나씩 해 둬야 한다는 것도 의식해야 한다.

망중한이다. 모처럼, 국화차 한 잔을 앞에 놓고 몸과 맘이 분주했던 나에게 여유라는 것을 선물했다. 차의 향내가 코끝에 맴돌아 심신이 편안해진다. 문득 강을 바라본다.

강물 위로 번져가는 서쪽 하늘은 온통 붉게 물들었다. 구름 아래 무심히 강물이 흐른다. 조용히 사라지는 황혼빛이 수수한 수채화 물감처럼 시나브로 스며들듯 내 삶도 천천히 옅어지고 싶다. 아스라한 저녁노을이 밤을 향해 퍼져간다. 나는 황혼의 강가에서 내일로 이어질 바람 소리를 듣는다.

5부

창작 소설·동화

마중, 2025
그림 | 김미숙 작가

닻

　거룻배가 데뚝데뚝 밀려든 물살 따라 모래톱 끄트머리에서 잘도 놀아난다. 팔월의 뜨거운 태양은 바닷물을 설설 끓여대듯 광선을 쏘아댄다. 모래알마다 달아올라 금방이라도 기름만 부으면 바가지 과자를 튀겨내고도 남을 만큼 뜨겁고 따가웠다.

　해안선을 따라 한 줄로 쫄로리 대여섯의 머슴애들이 나타났다. 동당동당 거룻배 서너 척과 모래사장이 들썩거린다. 모래알 서걱거리는 소리가 점점 커지고 파도 쓰레기를 뒤지던 갈매기들도 푸덕푸덕 자리를 옮긴다.

　앞장서서 오던 머슴애가 입을 열었다.

　"하자!"

　무르춤 순간 조용하다. 우뚝 멈춰 섰던 몇몇이

　"뭐 나가자고? 지금?"

　"그래 하자고 임마 ! 저 부표 끝까지 가 보자구 엉?"

　머슴애들은 모두 바닷물 가까이로 달려 들어간다. 어떤 구호도 없었는데 누구 한 놈 달려들지 않는 놈이 없다. 앞장서던 머슴애의 말이 끝나기가 무섭게 반바지도 아닌 것이 빤스도 아닌 것이 짧게 걸친 아랫도리들이 일제히 사사사삭 물속으로 빠져들어 물보라가 사라진다. 동글동글한 머리통들이 수박처럼 물 위를 또르르 굴러다녔다.

여학생 J는 어젯밤 청량리역에서 강릉행 기차를 탔다. 밤새 달려서 난생처음으로 바다를 만났다. 자신이 태어나서 자란 곳과는 완전히 다른 이곳, 고성의 청간리는 짙은 파랑의 결정체였다. 푸른 창공에 빨려들 듯 파란 하늘 가득 담긴 푸른 바다가 사방 널브러져 있었다.

청간리 아이들은 이미 체득하고 체화된 손가락 발가락의 특성화를 무기로 바다를 안고 자랐다. 푸른 바다를 향해 떼거리로 나아가고 다시 떼거리로 몰려들어 왔다. 자글거리는 태양 아래 새까만 등짝을 돌려대며 물기를 터는 머리들이 사방으로 흔들리고 있다. 물방울이 태양 빛에 반짝이며 튀겼다.

여학생 J는 함흥에서부터 머구리 생활하셨다는 외삼촌이 1·4 후퇴 때 피난길에 밀려 고성 청간리에 새 가정을 꾸리셨다는 엄마의 말을 들은 적이 있다.
"너는 외삼촌 댁 가서 인사 잘 드리고, 옥이 언니도 잘 데려다줘!"
엄마의 잔소리에도 J는 붕붕 마음이 들떴다. 여름 방학은

짜글짜글한 집을 떠날 절호의 기회였다. J는 그 기회를 백분 활용할 참이었다.

청간에서 서울 고모네, 우리 집으로 잠시 머물러 온 옥이 언니는 해산 달이 다가와 할 수 없이 J와 동행한 거였다.

바다의 모든 게 낯선 J는 노란 챙모자를 깊게 눌러쓰고 투명한 모래알이 발가락 사이로 끼어들고 나가는 장난에 빠져 있다가 성큼성큼 눈앞의 새까만 발을 보고서야 일어섰다.

"야~ 니가 서울 고모네서 온 갸나?"

"그래 난 서울 약수동서 내려왔다. 넌 누구니?"

"난 니네 외삼촌 앞집에 산다. 니네 사촌 언니 옥이 맞지? 그 누나가 니 좀 잘 데리고 놀라고 부탁하더라. 너 바닷가 처음이나?"

눈알이 왕방울만 하고 새까만 게 곧 튀어나올 듯한 머슴애는 자기 이름이 동이라면서 사촌오빠하고 친구라고 알린다. 자기 말만 잘 듣고 재미있게 놀다 가라고 제법 어른스럽게 떠들었다.

동이라는 머슴애가 나타난 뒤로 J는 별이 모래밭으로 떨어져 내리는 것을 처음 보았다. 하늘 가득 빼곡하게 별이 박혀 빛을 내는 것도 생전 처음보았다.

게다가 바다 끝에도 휘황찬란한 별빛이 무리를 지어 빛나고 있는 것도 눈이 돌아갈 광경이었다.

사실 그건 하늘의 별이 아니었다. 여름밤에 불빛을 보고 몰려들 야행성 어류인 오징어를 잡으려고 어선에다 달아 논 200촉

짜리 둥근 전구, 집어등의 빛이었다.

J는 처음 보는 밤바다의 별구경에 황홀함을 느꼈다.

백사장에 줄줄이 묶어 둔 거룻배 중에 외삼촌 배가 있었다. 배 안은 동굴처럼 오목하니 아늑해 들어가 앉기 좋았다.

J는 어제 낮에부터 졸졸 쫓아다니며 동리 곳곳을 일러주고 친한 오빠처럼 다정하게 다가오는 동이를 싫어하지 않았다.

뱃머리에 어깨를 나란히 둘이 앉았다. 동이는 기타를 들고 뱃몸 가운데로 걸터앉았다.

"얘! 넌 이런 시골에서 기타도 치니? 울 오빠도 기타를 무지 잘 치거든."

신기해서 묻고 또 묻는 J를 보고 동이는 시큰둥 말이 없다. J는 또 묻는데

"그냥 배웠어. 그냥 기타가 좋아서 치고 또 친 거야. 너, 듣고 싶은 노래 쳐줄게, 신청해라."

J는 설마 대충 C 코드나 Am 정도 잡고 치면서 저러나 하는, 솔직히 무시하는 태도였다.

"그럼 너 김정호 아니? '외기러기'라는 노래하고 '저별과 달을' 그런 노래 아냐구? 그거 칠 수 있겠어? 그럼 내가 오빠한테 배운 대로 한번 불러 볼게."

J는 여름 방학 35일 중의 15일의 시간을 바닷가에서 보낸 셈이 됐다.

삐걱거리는 거룻배 위에서 작은 닻을 바다 속으로 내던져

버린 후 동이는 자맥질로 심연을 향해 내려갔다.

"너, 배에서 움직이지 말고 가만히 있어라. 잠시 바다 밑에 내려갔다 올게."

태양이 정지된 상태에서 거룻배는 핑그르르 천천히 반원을 그렸다. 뒤우뚱 뒤우뚱 배가 서서히 움직였다. 그러나 배는 더이상 아무 데도 나아가지 않았다. 바다 한 가운데 태양의 광선을 그대로 받았다. 배의 멈춤이 다행이라는 듯 몸을 바다에 맡겨버린 양 J는 바다 안에 또 다른 바다를 가슴 위에 앉고 그대로 누워버렸다. 검푸른 바닷물과 내리쬐는 태양이 이마 위에서 지글거렸다. 빙글빙글 어지럽게 그 시간이 머물렀다. 아무리 시간이 흘러도 이 공간은 모든 게 멈추어 있었다. 슬픔이나 아픔 같은 감정도 수면위에 떠서 멈추어 있었다.

얼마큼 지났을까 J는 소리가 들리지 않았다. 동이가 뭐라고 뭐라고 손짓하는데도 빤히 눈동자에 박힐 뿐 입이 떨어지질 않았다. 미세한 음성이 진동처럼 전달됐다.

"야! 야!~ J! 정 · 신 · 차 · 려"

동이는 닻을 걷어 배에 싣고 바삐 노를 젓는다. J는 심하게 배 멀미를 한거였다.

창백해진 얼굴로 사지가 축 늘어지자 놀란 동이는 소리를 지르며 뭍가로 노를 저어 나와 J를 모랫바닥에 던지듯 눕히고 볼을 찰싹찰싹 때려 깨웠다.

바다에서의 시간이, 눈 깜짝할 새에 일주일이 지나났다. 동이는 물질을 하는 엄마를 도와 성게를 잡아서 깠다. 까만 밤송이 같은 성게의 정수리에 칼끝을 넣어 홱 하니 뒤집듯 돌려 칼질을 하면 반지름 정확하게 성게 내부는 두 동강이 나고 그 안에 진노오란 속창이 드러난다.

동이의 엄마는 익숙한 손놀림으로 성게 알만 꺼내어 스텐 그릇에 한술 한술 담아 놓는다. 시커먼 머구리 옷을 벗지도 않은 채.

꼬부랑거리는 짧은 퍼머 머리카락이 햇빛에 까맣게 빛난다. 동이 엄마 엉덩이 밑으로는 질질질 바닷물이 흘러내린다. 몇 시간째 성게를 까고 알을 까내어 그릇째 건네준다.

"동아 아야진 큰 말 가서 돈 받고 바꿔와라."

J는 머슴애 동이를 따라 어둠이 깔린 바닷길을 질러 아야진 길을 재촉한다. 아야진 포구에 작은 가겟방엔 줄이 주욱 길다. 줄을 서서 각자 수확한 성게 알을 들고 차례를 기다린다. 양팔 저울대에 동이네 성게 그릇이 올라갔다.

천 원 짜리 몇 장과 동전 몇 개가 동이의 손바닥 위에 담긴다. 동이는 그 돈을 스텐 그릇에 얹혀 놓는다. 동이가 J의 손을 잡는다.

"가자! 얼른 가자!"

"야~ 니네 엄마 돈 많이 벌었다 그치?"

J가 호들갑스럽게 돈을 세며 바싹 달라 붙자 머슴에는 땡감 씹은 얼굴이다. 인상을 찌푸린다.

"이게 돈이 뭐가 많아? 바닷속 들어가면 얼마나 힘든데 에이! 성게 알이 좋은데 저 아저씨 점점 작게 쳐주네."

동이는 꾸깃꾸깃 천 원짜리 몇 장을 바지 주머니에 쑤셔 넣고

"엄만 매일 저렇게 해. 늘 저만큼이야 저 일 좀 안 했으면 좋겠어. 차라리 내가 하는데 나아 내가 바다 내려가면 더 딴다구. 내일은 내가 잠수할 거야 봐라! 야, 근데 니 서울 언제 가나? "

느닷없이 묻는 물음에 J는 서울 갈 일에 마음이 무겁다.

"엉~모레쯤."

그러고 보니 어제 동이 엄마가 J에게 일러둔 말이 생각났다.

"야야, J야 니 서울 가면 아줌마 잊지 마라. 우리 아들도 잊지 마라. 혹시 쟈가 서울 니네 집에 찾아가면 식은 밥 한 덩어리라도 꼭 먹여 보내라 응? 알았지? 약속해라."

J는 그렇게 말하며 부침개를 부쳐주던 머슴애 엄마의 눈빛을 기억해 냈다.

청간리 바닷가에 머문지 보름째 되던 날 아침, J는 일찍 가방에 개켜 둔 교복을 차려입고 반달 구두도 반짝반짝 닦아 신었다. 단발머리도 반듯하게 빗어 앞 머리에 핀도 꽂았다.

작은마을이지만 한 분 한 분 다정하고 공손하게 작별 인사를 드렸다. 외삼촌이 가방을 들고 사촌 언니가 보조 가방을 들었다.

"그래, 서울 아이 이제 서울 가나?"

"한참 놀더니 이제 가네."

"교복 입으니 너 고등학생 맞구나."

"먼 길 잘 올라가라. 또 놀러 오고."

J는 건성으로 머리를 숙이고 동이 머슴애는 앞장서서 바닷길을 벗어났다.

"야. 니 서울 주소 적어 두고 가라. 내가 꼭 서울 갈 꺼니까 그리 알고 편지도 꼭 해주라. 응?"

J는 말이 나오지 않았다. 그냥 헤어지는 게 슬프기만 했다.

"……"

동이가 주머니에 손을 찌른 채 J에게 낮게 속삭였다.

"난 여기 바다가 싫어. 여기서 늘 맴돌고 사는 게 너무 지겹다."

머뭇거리던 J가 머슴애의 손을 주머니에서 꺼내어 잡고 다정하게 말했다.

"너 공부 계속해라. 여기서 니 인생을 머물게 하지마, 서울가면 내가 편지로 너 공부할 곳 알아볼게. 그리고 너도 서울 올 일 생기면 무조건 우리 집에 일단 와라."

동이는 J의 가방을 들고 아야진 쪽에서 내려오는 시내버스에 먼저 올라탄다. J는 속초 버스터미널에서 서울 가는 버스표를 끊었다. 초점 없던 동이의 시선이 J를 따라 움직인다. J는 터미널 매점에서 220원을 주고 은하수 담배 한 갑을 샀다. 그리고 동이에게 슬며시 건네준다.

"야! 너 내가 보고 싶을 때마다 이거 한 개비씩만 피워 알았지? 한꺼번에 다 피우지 말고 한 달에 한 번이나 일주일에 한 번, 정말로 내가 생각나고 보고 싶을 때 이 담배를 피우라고 응?"

J는 낯선 감정에 자꾸 눈물을 흘렸다. 버스에 올라 차창 밖을 보니 동이도 은하수 담배갑을 쥐고 눈물을 훔치는 듯 했다. 커다란 눈망울에 어릿어릿 물기가 보였다.

J는 손을 흔들며 들어가라는 시늉을 한다. 그리고 한 손으로 흐르는 눈물을 닦아냈다.

바다에 살던 동이는 서울 여학생 J랑 놀았던 보름 동안의 시간이 꿈을 꾼 듯 몽롱했다. J와 놀면서 동이 가슴에 모락모락 아지랑이 감정이 피어 올랐다. 그리고 J를 다시 만나러 서울에 가면 뭔가 새로운 세계가 열릴 것 같은 기대가 생겨났다.

그동안 눌려져 있던 무거운 닻 덩이를 가슴 깊은 바닷속에서 쑤욱 들어 올린 가뿐함을 느꼈다. 몇 해 전 돌아가신 아버지에 대한 그리움도, 돈 벌러 타지로 떠난 어린 누나에 대한 안타까움도 몽땅 걷어서 가슴 가득 실어 올렸다.

서울에 산다는 J를 찾아 동이가 상경한 건 다음 해 5월이었다. 서울이 처음인 동이는 잠시 J집 다락방에 머물렀다. 눈치가 보이고 옹색한 서울살이지만 미래를 그리며 참고 버텼다. 동이는 집 앞 바다에서 건져 온 멍에의 닻을 내려 놓고 있었다. 더는 흔들리지 않을 신념을 안고새 항구를 위해 출발했다.

동이는 서울에 자신만의 부표를 꽂았다. 얼마만큼 떠 있을지 견디지 못하면 어느 세계를 표류하게 될지 정착되지 않은 스스로의 삶에 불안과 공포를 느끼는 듯했다. 토요일이면 J는 철딱서니 없이 제 짝꿍 교숙이를 데리고 동이가 일하는 보일러 공장으로 찾아왔다. 동이는 기름 묻은 작업복이 몹시 부끄러웠지만 J를 만나는 건 잠깐이라도 기쁨이고 행복이었다. 자신의 꿈을 위해 주경야독하던 그 시절 동이는 자신의 부표를 향하여 쉬지 않고 나아갔다.

어느 날인가 푸른 바다에 동이가 서있다. 동이는 자신을 닮은 아들, 딸의 손을 잡고 청간리 모래밭에 앉았다. 침식당한 비타 거룻배의 자리가 있던 곳, 철조망이 사라진 해안선, 이십여 년이 흐른 뒤였다.

거룻배를 버걱버걱 저어가며 마실 물 한 통과 통기타 하나를 싣고 J와 단 둘이 놀던 작은 섬이 아직도 저만치 건너편에 있다. 삼십여 분 휘저어 가던 '비밀의 섬' 놀이도 그 곳 멈춰 있었다.

자맥질 서너 번에 눈 한 번씩 맞춰 주다가 수질을 참지 못한 J가 배 안에서 실신했던 일이며, 뭍에까지 죽어라 노 저어 모래밭에 눕혀놓고 뺨을 때리며 정신 차리라고 눈을 까뒤집던 동이는 갇혀 버린 소년의 꿈과 하늘 가신 아버지의 그리움, 안타까움을 제 가슴에 담았다. 동이는 푸른바다 파도를 넘어서 쉼 없이 또다른 꿈의 섬을 찾아 거룻배를 휘저어 갔다.

J와의 순수한 만남, 잔잔하게 찾아온 사랑의 기쁨은 파도를 넘어 그 자리를 오래도록 맴돌았다. 두 아이의 아빠라는 이름으로 또 다른 항해를 시작하고, 넓은 바다와 시원의 꿈을 담은 지상의 천국이라는 새로운 나라에 닻을 내렸다. 첫사랑 J의 손을 잡고 푸른 바다를 향해 거룻배를 젓는다.

율이가 하고 싶은 말

율이는 '달님 어린이집'에 다니는 예쁜 여자아이예요. 얼굴은 우유처럼 하얗고, 오똑한 코에 동그란 눈은 반짝반짝 빛이 나네요. 살짝 올라간 율이의 입꼬리는 스마일 인형처럼 항상 웃고 있어요. 그래서 별님반 친구들도 원장 선생님도, 나비반 동생들도 율이를 아주아주 좋아해요.

"친구들 안녕! 동생들도 안녕!"

"선생님 안녕하세요!"

율이는 또랑또랑한 목소리로 인사를 했어요.

율이는 친구들과 신나게 블럭 쌓기 놀이랑 병원놀이를 하고 있어요. 그런데 혼자 노는 친구가 보이네요. 율이는 얼른 친구 옆으로 가서 '톡톡' 친구의 팔을 건드렸어요.

"친구야! 색칠놀이 같이 할래?"

율이는 친구가 심심할까 봐 함께 놀자고 했어요. 친구를 놀리거나 혼자만 장난감을 갖고 노는 건 멋진 친구가 아니라고 별님반 선생님이 말했거든요. 그래서 율이는 친구를 놀리지 않아요. 장난감도 양보하며 같이 놀아요.

어! 오늘은 운동선생님 오시는 수요일이네요. 운동 선생님들이 맘대로 뛰고 놀라고 에어바운스를 만들어 주셨어요.
다섯 살 별님반이 터널 통과하기를 먼저 하는데 준이가 뛰어가다가 '퍽' 하고 넘어졌어요. 엄청 아픈가 봐요. 준이가 엉엉 슬프게 울어요. 율이도 준이 따라 쪼르륵 눈물이 났어요.

'터널 통과하기' 다음에 미끄럼틀 놀이를 하는데 준이는 무섭다고 울고 있어요. 율이는 얼른 준이의 손을 꼬옥 잡고 한 계단씩 올라갔어요. 율이가 앞에 타고 준이가 뒤에서 천천히 미끄럼틀을 타네요. 율이는 달님 어린이집 친구들과 놀면서 기분이 좋아 싱글벙글 웃어요.

율이는 세 살 생일이 되기 전부터 달님 어린이집에 다녔어요. 엄마가 동생 윤이를 낳았거든요.
율이는 동생 윤이가 태어나는 바람에 엄마 아빠의 사랑이 사라지는 줄 알고 날마다 슬픈 마음이었어요. 율이도 모르게 마음속에서 콩닥콩닥 소리가 들려오고 엄마 얼굴이 사라질까봐 겁이 나서 눈물이 나기도 했어요.
율이는 달님 어린이집에 갈 시간이 다가오면 윤이를 안고 있는 엄마의 얼굴 앞에 율이 얼굴을 내밀 때가 많았어요. 그런 율이를

보고

"율!~ 얼른 어린이집 갈 준비해야지."

엄마는 원이를 보느라 율이를 슬쩍 한 번만 보는 거예요. 아침에 일어났을 때도 엄마는 윤이를 안고 있어서 아침 포옹을 못 했는데 지금 또, 율이더러 치카치카를 혼자 하고 오라는 거예요. 율이는 울고 싶어져요. 엄마가 미웠어요. 엄마는 율이의 속마음을 보지 못하니까 울고 보채는 동생 윤이만 자꾸 안아주나봐요.

율이는 어른들이 윤이만 예뻐하는 것 같았어요. 속상해서 자꾸만 눈물이 났어요. 저절로 입을 내밀었어요. 고개도 푹 숙이고 이불 속으로 들어갔어요. 유치원에 가기 싫었어요.

"율이야!! 왜 울어?"

엄마가 한쪽 팔로 율이를 안아주며 물었어요. 율이는 말이 얼른 나오지 않았어요. 엄마 얼굴을 쳐다보니 더욱 외롭고 슬퍼서 그냥 눈물만 나왔어요.

'엄마 나도 자꾸자꾸 안아주세요. 엄마 냄새가 많이 맡고 싶단 말이에요. 엄만 계속 윤이만 안아 주잖아요?'

이렇게 크게 말하려고 했는데 이상하게 목소리는 목구멍으로 숨어 들어서 안 나와요. 꼭 작은 개미처럼, 하루살이처럼 가느다란 소리만 나왔어요.

율이는 엄마가 안아 주지 않는 게 동생 윤이 때문인 거 같아요. 동생 윤이는 율이가 두 살이 되자마자 태어났거든요. 율이는 맨날맨날 엄마랑 아빠랑 놀고 싶었고 매달려서 사랑받고 싶었는데 엄마 아빠는 왠지 모르게 더 바빠진 것 같았어요.

"엄마, 코끼리 책 읽어주세요."
하면서 율이가 그림책을 들고 왔어요. 엄마는 윤이를 안고 있으니까 코끼리 동화책을 읽어 주기가 힘들었어요.
"율아! 여기 엄마 앞에서 율이가 책을 넘겨줄래? 엄마가 한 장 씩 읽어줄게."
율이는 딴 데만 쳐다보는 엄마가 너무 미웠어요.
"싫어 안 읽을래."
율이는 그만 그림책을 거실 바닥에 '휘릭' 던졌어요. 엄마랑 동생 윤이가 깜짝 놀랐어요. 동생 윤이는 '앙앙' 울었어요. 놀란 엄마도 화가 나서 큰소리로 율이를 불렀어요.
"율이 너! 책을 바닥에 막 던지면 어떻게 해? 나쁜 짓인 걸 알아? 몰라?"
율이는 엄마의 큰소리에 무서운 마음이 들었어요. 코끼리 그림책을 주웠는데 또 눈물이 나요. 율이도 잘못한 걸 알아요. 동화책을 던지면 책도 '아야야' 아파하고 다칠 수 있다고, 물건은 던지면 절대 안 된다고 들었거든요. 율이도 갑자기 화가 나서 그림책이 보기 싫었나 봐요.

엄마는 동생 윤이를 내려놓고 율이에게 소리치며 야단쳤어요.

율이는 물건을 던진 일이 부끄러웠어요. 동화책에게도 조금은 미안했어요.

그래서 율이는 책이나 물건을 다시는 던지지 않겠다고 약속하고, 엄마랑 윤이랑 코끼리 책에게 사과하고 싶었는데 엄마는 율이를 작은방 '생각의자'에 앉으라고 했어요. 율이는 꾸중하는 엄마가 무서워서 더 울었어요.

율이는 '생각의자'에서 일어났어요. 바닥에 던졌던 코끼리 그림책이 율이를 쳐다봤어요. 코끼리 동생을 갖고 싶어서 롤러스케이트를 타고 멀리까지 돌아다니다 커다란 나무에 '꽝' 부딪힌 아기코끼리가 생각났어요.

'난 동생이 미워'

율이는 동생은 좋지도 않은데 아기코끼리는 왜 동생을 찾으러 다니는지 궁금했어요. 그리고 코끼리 동생은 황새나 개구리가 아니고 코끼린데 왜 자꾸 오소리나 사슴한테 가서 코끼리 동생을 달라고 하는지 너무 이상했어요.

그때였어요. 동생 윤이가 옆으로 와서

"누나! 누나! 뽀뽀 쪽! 뽀뽀 쪽!"

하더니 율이 목을 꼬옥 끌어안고 뽀뽀를 했어요. 어! 율이 마음이 두둥두둥 하늘로 올라가는 것 같아요.

그럼 아기코끼리는 어떻게 됐을까? 율이는 궁금해 졌어요. 동생 윤이가 코끼리 그림책을 율이에게 가져왔어요. 아기 코끼리는 아빠 코끼리, 엄마 코끼리에게 허락도 안 받고 동생 코끼리를 찾으러 집을 나왔대요. 동생 코끼리가 꼭 진짜 갖고 싶었나 봐요. 율이는 동생 윤이가 누나에게 '뽀뽀 쪽!' 해주니까 이제 동생을 찾아 떠난 아기코끼리 마음을 알 것 같았어요. 율이도 율이 마음속에 동생을 엄청 좋아하고 사랑하는 마음이 가득가득 있는 걸 알았거든요.

아빠가 퇴근했어요. 율이는 아빠가 동생 윤이를 먼저 안아줄까 봐 아파트 문이 열리기를 기다리며 신발장 앞에 서 있었는데요. 아빠가
"여보! 나 왔어요."
해도, 아빠에게 달려가 팔을 내밀지 않았어요. 어! 그런데 아빠가 달라졌어요.
"우리 이쁜 율이는 어딨지? 아빠는 율이가 아주 많이 보고싶어요. 우리 공주 율이는 어딨어요~?"
하면서 두리번 두리번 율이를 찾아요.
"아빠! 다녀오셨어요 ."
식탁 앞에서 율이가 배꼽인사를 했어요.
어! 아빠는 동생 윤이를 보고도 못 본 척해요. 그리고 율이를 번쩍 높이높이 안아 주네요. 율이는 또다시
'두둥 두둥' 기분이 하늘 높이 구름까지 올라가네요. 아빠! 엄마! 사랑해요. 윤아! 누나가 엄청 사랑해.

에필로그

책을 닫으며

마음속엔 늘 봄비가 내렸다. 귓전에 자작자작 나뭇잎에 떨어지는 빗소리, 빗줄기와 빗방울이 흥얼대는 노래 소리가 희망을 속삭였다.

나는 '글 잘 쓰는 사람'이 되고 싶었다. 그래서 하던 공부를 뒤로 하고, 국어 국문학과를 선택한 이유도 오로지 좋은 글을 쓰고 싶어서였다. 하지만 후후

그건 오류중에 오류였다. 국어국문학은 체계적인 국어학의 학문과 국문학과는 문학과 관련된 전반적인 교육을 탐구하는 학문이었다. 작가의 소양과 상상력이 내포된 글쓰기는 감정의 체득과 진실된 삶을 표현하는 작가 고유의 자유로운 세계였다.

산동네 작은 아이였을 때부터
빗방울은 마법의 소리처럼
가까이 다가와 속삭였다.

그렇게 햇살과 바람과 빗방울이 나를 키워냈다. 이제 가슴에 간직했던 꿈이 꽃으로 피어 알알이 영글고, 귀한 열매를 맺게 되는 벅찬 시간이 다가왔다.

삶 속의 글쓰기, 그것이 진짜 문학이란 걸 깨달으면 여기까지 왔다. 글쓰기가 다른 어떤 일보다 가치가 있고 행복한 삶의 배경이 됐다고 고백하려 한다.

'넌 잘할 수 있어! 괜찮아!'

한 편 한 편, 삶의 경험과 체득된 내면의 세계를 떨리는 손으로 펼치게 됐다. 설렘과 기쁨으로 생애 처음 펴내는 수필집, 소회가 특별하다.

글을 쓴다는 건 숨기고 싶었던 부끄러운 이야기들과 얼룩졌던 상처들을 세상에 쏟아내는 일이다. 진정으로 용기가 필요했다. 솔직한 글쓰기, 나의 부족한 첫 수필집은 그렇게 용감하게 민낯을 선보이는 일이 됐다.

어제도 비가 내렸다. 마음속에 희망의 봄비가 내렸다. 분홍빛 꽃비로 내렸다. 엉클어진 감정을 다독이고 잠재우는 위로의 비로 내렸다. 비는 나를 키운다. 겨울비도 새벽 비도 이슬비도 내 인생의 자양분이다. 난 늘 빗방울 연가를 부른다.

오래전에 써 두었던 글부터 여기저기 문학지와 감춰 두었던 글까지 다 모아서 하나로 엮었다. 인생의 서사가 있는 내 마음의 글쓰기는 정성껏 부르는 나의 노래다. 매우 부족해서 부끄럽고 민망하다. 부디 고운 시선으로 봐주고 따뜻한 마음으로 기억해 주길 바랄 뿐이다.

문정미 수필집
마음속 봄비가 내리는 날

발 행   2025년 09월 30일
지은이 문정미
펴낸곳 도서출판 태원
24349 강원특별자치도 춘천시 서부대성로 110-2
TEL (033)255-0277 E-mail tw0277@hanmail.net

ISBN 979-11-6349-150-7 03810

값 15,000원

ⓒ문정미, 2025, korea

이 책은 춘천문화재단 2025문화예술지원사업 지원금으로 출간되었습니다.